EVER GREEN

常青

如何持久吸引客户

[美] 诺亚 · 弗雷明（Noah Fleming）/ 著　　吴威 / 译

中国友谊出版公司

图书在版编目（CIP）数据

常青：如何持久吸引客户 / (美) 诺亚 · 弗雷明 (Noah Fleming) 著；吴威译. -- 北京：中国友谊出版公司, 2017.9（2018.3重印）

书名原文: Evergreen: Cultivate the Enduring Customer Loyalty That Keeps Your Business Thriving

ISBN 978-7-5057-4208-6

Ⅰ.①常… Ⅱ.①诺… ②吴… Ⅲ.①企业管理 - 销售管理 Ⅳ.①F274

中国版本图书馆CIP数据核字(2017)第230571号

著作权合同登记号 图字：01-2017-7544

书名　常青：如何持久吸引客户
作者　[美] 诺亚 · 弗雷明 (Noah Fleming)　著
出版　中国友谊出版公司
发行　中国友谊出版公司
经销　北京时代华语国际传媒股份有限公司　010-83670231
印刷　北京市松源印刷有限公司
规格　690 × 980 毫米　16 开
　　　16 印张　180 千字
版次　2017 年 10 月第 1 版
印次　2018 年 3 月第 3 次印刷
书号　ISBN 978-7-5057-4208-6
定价　46.00 元
地址　北京市朝阳区西坝河南里 17-1 号楼
邮编　100028
电话　（010）64668676

序 言

洛杉矶气候温暖，与北非和东南亚的大部分地区都处于相似的纬度。但我每次飞到这里都感觉，它不如位于美国东北部我的故乡草木繁盛。然而，回到家乡，我们又总是忍受着严冬里几尺厚的积雪和零度以下的气温。怎么会存在这样的差异呢？

这是因为洛杉矶并非一片翠绿景象，而新英格兰在很大程度上四季常青。通向洛杉矶的道路看起来灰蒙蒙的，而通往波士顿的路则铺满绿色植物——即使在冬天也是如此。

绿色是生命，是光合作用，是新生，也是再生。

在这本非凡的著作中，诺亚·弗雷明（他自己就来自寒冷地区，感受过我们北部邻区的常青植物带来的温暖）介绍了如何让你的客户和生意永恒地保持生机、成长和再生。只要我们让那些即将被运走的、数以亿计的树叶落叶归根，落叶树也可以十分迷人。它们就像生意中的临时客户一样，增色不少。

但是临时客户也要被“清理”。他们通常期望的投资所得比他们应得的收益更多，而且他们会扰乱常青植物生长茂盛的环境。常青顾客是生意、转介、善意、好主意和市场力量的不竭源泉。

诺亚介绍了如何吸引、培养和保留客户，以建立你自己的郁郁葱葱、富饶肥沃的商业环境。一些树木需要精心照顾，另一些只需稍加呵护就能茁壮成长；一些对光敏感，一些对温度敏感，并不是所有树木都能在相同条件下生长繁荣，为你的特定环境和客户培养最佳生长环境至关重要。

我所知的最好的企业和影响者都清楚地了解他们的理想客户，他们凭借专注的态度和高度相关性就能很快打动客户。我做全球顾问已经 25 年多了，我看到太多伟大的想法浪费在错的人身上，也看见许多平凡的想法因实施在正确的人身上而获得辉煌成功。

想让你的产品和服务直接在正确的客户身上发挥最大的作用吗？这本书会教你如何做到。

我常常在严冬时节飞到波士顿，总是看到常青植物在皑皑白雪中更加引人注目。如果你注意下面的建议的话，你的公司也会这样脱颖而出，繁荣壮大。

艾伦·韦斯，博士，畅销书《成为百万美元咨询师》作者

2014 年 4 月

致谢

如果我唠叨太久，各位尽可以听一听音乐（或跳到广告）。

感谢我的父母，他们总是鼓励我绘制自己的蓝图，走自己的路。感谢父亲在我从记事时起就告诉我写自己的工资支票。

感谢我的祖父母和外祖父母，已故的奥威尔和薇拉·弗雷明，琼·法比亚克，特别是祖父约翰，感谢你们与我分享你们生活的惊奇体验。

感谢我的好友特洛伊·罗普。在本书撰写过程中，你每天的严格指导、反馈和想法弥足珍贵。感谢肖恩·韦尔特曼，我认识的第二聪明的人。感谢你几乎每日与我用Skype交流，陪我深夜通电话，陪我进行头脑风暴。你是个真正的营销天才。

感谢我的作品经纪人埃斯蒙德·哈姆斯沃斯在我写提案时提供的绝妙建议，支持和鼓励，感谢你为我精心挑选适合本书的出版商。感谢爱默康出版公司的辛勤付出，包括高级收购编辑鲍勃·尼尔金德（从第一天起你就认可本书！）和优秀的设计团队（你们的封面设计独具创意！）。

感谢我杰出的编辑艾莉森·哈格。你对细节的追求，乐观的精神和鼓励非常宝贵。

感谢我的导师艾伦·韦斯总是提醒我写一本商业书籍的最终目标并不是成为一名作家，而是帮助他人改进业务，丰富生活。

感谢赛斯·戈丁与我在芝加哥共进晚餐，你建议我“上市”。我还记得我说希望能像你一样写书时，你回复我的邮件说“如果你写书，我一定会读”。这就是赛斯。

感谢我所有的客户接纳新观点并相信我的建议能帮助你们的公司发展。感谢你们跟随我而非人云亦云。

感谢我的堂兄霍莉·莫林，你是世界上最有天赋的设计师之一。你将我随手写在纸巾上的想法转变成本书中有效的过程视觉效果。

最后，感谢所有支持我的家人、朋友和同事：维斯·弗雷明，卓什·斯提芬科克，丹·维丁，罗伯塔·马图森，简·乌苏勒，加里·帕特森，雅儿·高尔，安德鲁·米勒，科里恩·弗兰西斯，多里·克拉克，肖恩·克斯摩尔和斯图·麦克劳伦。

前言

窥一树而知全林

如果你有机会去不列颠哥伦比亚省的温哥华岛旅行，不要错过教堂园林。我们的最后一站吐芬奴，是太平洋沿岸、加拿大最西边的一座古色古香的小镇。我的妻子海瑟和我坐着租来的小汽车行驶在颠簸蜿蜒的高速公路上，最后抵达了教堂园林。

教堂园林是地球上罕见的犹如漫画般美丽的景点之一。就像你进入了最新皮克斯电影中的超现实情景。教堂园林坐落于麦克米兰省立公园，这里的树木历史久远——非常久远——有一些几乎800年了。世界各地的人来林间小路散步，路的两旁是参天的古道格拉斯冷杉，有一些250多英尺高。我的妻子和我照了一张游客们都会照的照片——我们试图抱住粗大的树干。

然后我们坐了一会儿，在树木随风摇曳时将一切尽收眼底。我不禁想到，如果大风暴席卷而来，这里并不是我想待的地方，但是在那一刻，那里十分平静。走了一会儿后，森林分叉，我们来到一条小溪旁。我们坐在溪水边上休息几分钟。虽然我还在蜜月期，我的头脑中根本不应该想生意上的事儿，但是我还是忍不住去想。有关常青树的东西让我着迷。

然后我意识到：一个伟大的企业就像一棵常青树。随着时间的推移，它也可以长成一棵参天大树，鹤立鸡群。它在整个行业中的存在通常是让人敬畏的。它可以坚定不移。没有上帝的干预、丑闻或者重大行业冲击的话，这样的企业——像常青树一样——能够经受住大多数风暴。它的客户就如同树叶（也许更准确地说，是针叶，因为常青树是针叶树），这种企业能与客户建立难以置信的持久关系。结果是，常青树整年保持郁郁葱葱，健康生长。相反，其他公司费力维持客户，或者经常把客户像枯叶一样清除，因此它们为了存活必须不断被迫长出新叶子（或增加新客户）。

这个类比很简单，但是我发现自己反复思考它。特别是有一个问题让我产生了共鸣：

为什么一些公司似乎能毫不费力地建立客户忠诚度（从而增加收益），而其他公司似乎一直失去现有客户，同时又难以找到新客户？

多年来，我花了大量时间与各行各业的公司共事，我可以回答这个问题。这与企业和客户的关系密切相关——企业如何处理这种关系，它建立什么体系以及它如何思考营销。大多数公司不过是动动嘴皮子——一贯地（并千篇一律地）断言“我们提供周到的服务！”

伟大的企业做得更多。它们花时间不断建立和培养与客户的关系，甚至在他们成为客户前就如此了！当一个企业以这种方式投资时，它的客户关系就发展起来并变得越来越强，客户忠诚度成为这种关系的一个关键因素。就像800年老树的树根一样，这种忠诚度最终能够支持强劲持续的成长。正是这样的企业才成为了常青企业。

我为何写此书

在谈到与客户合作时，我是个实用主义者。我想让客户迅速体验到出人意料的结果。我的工作可以总结为帮助他们回答两个问题：

一、你如何最有效地得到一个新客户？

二、一旦你得到这个客户，该如何更持久地留存这个客户？

我的客户来自世界各地，并在上百个不同行业工作。然而在过去的十年间，我主要关注在线实体。我在互联网圈里以“留住客户的家伙”闻名。当企业想知道为什么它们失去客户以及如何停止客户流失时，就会打电话给我。

很明显，虽然公司不同，但他们的许多问题都类似。很快我就发现可以锁定三个问题并在三个不同领域实施解决方案。我将它们命名为常青企业的“3 C原则”。一旦清楚地了解了这个原则，就可以轻松地解决与销售、营销、客户服务和员工留任等相关的几十个问题。总之，这个原则可以帮助一个企业从客户和金钱流失的状态转变为能够留住客户并赚钱的状态。企业开始邀请我参与咨询、战略会议、研讨会和评估。我和营销部门、销售团队、客户服务部门、高级主管和首席执行官们一起工作。至少可以这样说，我们满意地看到如此多复杂的商业挑战都源于这三个不同领域之一。

但是这本书并不是关于我的，而是关于你和你的公司。我现在来帮助你啦！我会在本书前半部分提出一些大胆的建议。例如，我揭穿了“公司应该花大量精力（和金钱）吸引新客户”的伪命题，我认为这是企业遇到的至少一半问题的根本源头。我也引入并解释了作为一家常青企业所必要的“3 个 C”——角色（Character），社群（Community）和内容（Content）。我认为这三个原则是能产生客户忠诚度的核心条件——由此产生的客户忠诚度是真实的，而非是一种“画大饼”式的虚假忠诚感。

在本书的后半部分，我会提出更多大胆的建议。例如，我认为营销的传统 4P 概念已经过时了，在当下，思考营销时有一种更简单化的方法。为了得到你所期待的结果，你需要重新评估过去的“正确”模型，并转换为如今的正确模型。我们的世界已然改变。在这些章节中，我将注重于在战术层面的客户保留——并强调所有企业均可用的改进措施。本书将讨论社交媒体战略、客户忠诚方案（和你的客户真正渴望的回报类型）、客户终身价值（Customer Lifetime Value，缩写为“CLV”），以及新客户彼此间或者与企业的互动与交流。本书还将告诉你如何处理客户投诉，何时应该放弃某位客户以及如何让新客户爱上你。

注意：在本书中，我通常使用术语 customer（客户），但是你可以与 client（委托人，当事人）互换使用。我不打算在此讨论这两个术语间的微妙区别。你喜欢哪个就叫哪个，只要你对它们都怀有深深的敬意即可。

这本书的核心信息是：留住客户不是一个神秘的过程。这不是魔法。忠诚度并不是一些公司有幸拥有的神秘特质。它是塑造、建立起来的。此外，当你正确理解所有的概念是如何一起发挥作用时，建立忠诚度是很容易的。本书将提出许多久经时间考验的，增加客户满意度的原则。本书还列举了从一流企业到我自己的客户中的一些常见案例，以展现这些原则是如何得到实际运用的。本书还提供了一系列你在实践中所需的工具，好让你轻松应用这些原则。

我将承诺你：接下来，我将向你展示对数以百计的客户产生效果的方法——一场从“如何吸引新客户”到“如何更好地服务现有客户”的思维模式转化。每当帮助客户做这样的转变，结果都让人印象深刻：从引荐，到口碑，到利益最大化，再到营销的有效性——一切都发生了改变。角色、社群和内容是所有拥有真正的忠诚客户的成功企业的根基。此外，那些懂得运用这些概念的人，在赢得客户之前，就能获得最大利益。我在这里展示的是一个不仅能让你的公司蓬勃发展的体系，也是一个确保你的公司在未来十年内生存下去的体系。

本书为谁而写

从前线的服务专员到销售专员到个体经营者，再到中小型企业业主、高管甚至是500强企业的首席执行官，任何人，只要他的业务有关销售产品、服务或信息，目标是拥有客户，那么他就能从这本书中学习、受益。有些人沉湎于“我们需要更多新客户”的伪命题，因为这“看起来是经营公司的唯一方法”。(然而事实并非如此，还有更好的办法。请继续读下去。)我质疑这些人的想法，并将在本书中向你们证明这点。

在本书中，我使用了涉及大量不同行业的各种各样的故事和案例。请谨记：接纳新想法。市场已经随着科技的进步而改变。你的营销方法应该向这种新的模式靠拢，这样才合逻辑。如果你发现你的公司和客户与本书中讨论的不同，不要对这些想法嗤之以鼻。每个人的客户都各不相同。然而，我用来帮助中小企业的理念，和对像亚马逊和苹果那样的大公司提出的意见别无二致。（虽然它们可能并未意识到。）

为什么你应读此书

如今客户需要的东西——与你的企业之间的联系，和他们以往的需要大有不同。这意味着为了提高客户忠诚度，你需要和客户建立一种更深刻、更深层次的联系。

我认为，成为常青企业需要以一种全新的方式考量市场、客户和我们的营销投入。当我们能够改变我们（关于市场和我们现有客户）的思维和表达方式时，我们能为客户创造一种更美好、更丰富、更令人满意的体验。当我们作为企业所有者，能够把坚持改变我们的日常经营模式以改变我们处理公司和客户关系当作既定方针，我们将不自觉地建立起真实的客户忠诚度。

按照本书中的建议，你将种下一颗种子，它将生根发芽，使你的企业茁壮成长，就像教堂园林里高耸入云的常青树一样。你需要换个角度思考，甚至以反常识的方式来思考过去你的营销策略、与新老客户沟通的方式、在社交媒体上的活动和使用网络的方式、线下以及线上声誉维持的方式，以及处理负面反馈和客户情绪的方式。我将向你展示为什么“客户不总是对的”以及为什么“每个客户都值得保留”是错误的认识。我将解释为什么一些客户值得我们拼命留下，为什么有些不忠诚的客户反而可能带给你增加利润的最佳机会。

要学习我在本书中将要分享的内容，你需要敢于并愿意踏入未知领域，并能够接受一定程度上的不确定性。

在此，我可以确定地告诉你：通过运用你从本书中所学到的内容，你将会更快地争取到客户。你也将建立持久的品牌忠诚度——这种忠诚度会使客户为你的企业着迷，会带来大规模的引荐和极好的口碑，并且不会因为竞品更低的价格，更多的功能，或（通常是无效的）优惠而动摇。即使你的产品和服务价格更高，你也能够牢牢地吸引住客户。你将能够减少营销和广告支出，从而增加对已经与你有业务往来的客户的支出，他们会回馈给你这一支出的二十倍。你将建立更丰富、更多元的客户体验，以此与你的客户产生共鸣。最后，你再也不会在社交媒体中徘徊，怀疑是否有人在听你讲话；你将确切地知道自己的位置、前进的方向以及要说的内容。

我本可以保持前进，但是我想冒一次险并且相信我所说的可能足以让你感兴趣。这是一本写给有远见卓识的人的书——那些愿意以一个不同的角度审视“做生意”的人，那些不愿再接受“一切照旧”的人。

欢迎来到常青企业。

* 目　录 *

第一部分
建立常青企业的根基

第二部分

促进常青企业的生长

第一部分

建立常青企业的根基

*
*

⋆ 第一章　一个迷惑了至少 50% 的企业的伪命题

新客户不会拯救你的企业

2011 年 11 月，瑞秋·布朗开了一家名叫“需要一块蛋糕”的面包店，并且获得了许多人梦寐以求却从未得到过的关注。在《每日电讯报》《赫芬顿邮报》、微软全国广播公司（MSNBC）和英国广播公司（BBC）网站等媒体上都有关于她的专题报道。在几乎任何情况下，像她那样的小店都很难获得如此广泛的宣传。

布朗做生意已经有 25 年了，她上了新闻是因为她的小面包店做了一些了不起的事情。她的店眨眼间吸引到 8500 多名新顾客。

但是在我详细讲述发生了什么事情以及布朗如何吸引到这么多新顾客前，我想要问你一个非常简单的问题：

对于一个企业来说，无论规模大小，一夜间新增 8500 名客户真的是件好事吗？

在你回答之前，让我再问一个问题：当你听到布朗的故事时，你是否在思考如果你能吸引到8500个新客户，公司能增加多少利润？你在闲暇时间是否在对有人走进门，成为你的客户时，有所期待呢？如果这听上去很熟悉，那么你并不是一个人。大多数人——特别是小企业业主——都是这样想的。当然，更大的企业也能从这个故事中学到东西，这就是我的意图。

在本章中，我将揭穿新客户会拯救公司的伪命题——这是一个不论大小企业都曾全心全意相信的伪命题。接下来，我将论述新客户的获得，实际上是有利有弊的。此外，将全部精力集中于吸引新客户将毁掉你的企业。我并不是说新客户在本质上不好，当然不是。显然，每个企业都需要新客户来发展壮大。但是几乎在每个企业的每一个案例中，发展新客户都需要大量的时间、努力、精力和金钱，而这些花在其他方面会收到更好的效果——例如与现有的客户群发展更深的关系。

本章的主题十分简单。如果你能选择，你会想要吸引100个新客户而看着其中50个（或者甚至更多）客户离开，再也不回来吗？或者你愿意做一些简单的改变来确保你不断加强和现有客户群的关系，同时建立新的结构使你的企业“常青”吗？常青企业中，新客户也会和你的企业一起蓬勃发展，带来长期永久的利益？选择应该是显而易见的。

新业务的诱惑可能是致命的

让我们回到瑞秋·布朗和她在英国雷丁拥有并经营的美味蛋糕店。她的生意过去不错，但是总会更好。她听说了一个叫“团购

（Groupon）”的新网站，她在网站上给潜在的“新顾客”提供打折来尝试她的产品。“团购”网为她提供了大量的新生意——她的面包店当然也不负所望。

如果你不了解“团购”网，在此告诉你它是这样运作的：一家公司提供其产品和服务的大幅折扣——有时高达75%。然后顾客购买折扣券（称为“团购券”），顾客获得本地企业的大幅折扣。“团购”网通过出售团购券获得抽成（打折后售价的一定比例——通常是50%）。最后，商家的“成功”在于吸引到新客户。（事实上，商家只收入了扣除信用卡手续费和抽成剩下的那部分，每100美元的团购券，最后可能得到最多25美元。）

布朗的促销策略奏效了——有点太奏效了，她被订单淹没了。事实上，她突然发现自己要接待8500多个新客户！她不得不雇用应急员工来处理涌入的订单，但是相比于固定员工，这些应急员工缺乏训练和经验。所有这些问题都导致她的产品和服务质量下降。那些新顾客可能不会对他们的朋友宣传他们在“需要一块蛋糕”店吃到了最好吃的红丝绒蛋糕。相反，他们可能会这样说：“我排队等了这么久就吃到了这种货色？”

许多致命的商业错误可以直接追溯到只侧重争取新客户，而缺乏对现有客户的感激，或者是缺乏对客户需求的理解。不幸的是，在布朗的例子中，这一失策几乎让她损失掉了近一年的利润，使她对自己的决定深感后悔。布朗后来说：“毫无疑问，这是我做过的最糟糕的商业决定。”

平心而论，布朗做出最糟糕的商业决定并不完全是她的错。有些公司，特别是小公司因新客户的诱惑而被横扫出局的恐怖故事十分常见。例如。“团购”网对于许多公司来说可谓是一个获取客户的绝妙工具。但是尽管“团购”网在吸引新客户的方面能带来辉煌与成功，但是在帮助公司留住新客户方面却极其糟糕——我认为这也是“团购”网对客户群服务不周的地方。

“和客户来一发就走”——这对你的企业意味着什么

为了理解布朗的公司到底哪里出了问题，首先要在更深的层面上理解为什么公司如此注重“赢得”客户而不是“留住”客户。理解小公司的想法很容易——正如已故管理大师彼得·德鲁克常说的：“没有客户，就没有企业。”客户是所有企业的血脉，对于小企业来说，有时新客户的诱惑太大了。

让我来分享一个我自己的故事。我曾为自己的咨询公司申请商业信用额度，并得到银行的保证说在48小时内完成一切手续。可差不多两个月以后，我的信用额度才办完。我问经理为什么这么久，他直言不讳地讲，“老实说，诺亚，我们正忙于为新客户办理业务，没有时间和资源来服务现有客户。”在你尖叫抓狂之前，你要认识到那位经理只是告诉我，许多公司，可能包括你自己的公司，正在经历这个阶段。原因是：我们都不够“专情”。

让我解释一下。2012年，我在华盛顿400多位出版管理人员的年会上发表主旨发言。我在午餐时间进行讲话，放出一张幻灯片，上面写着：“我们都不够专情”！用餐时刀叉叮当作响的声音寂静下来，我看到人们手忙脚乱地找他们的笔记本，打开笔记本电脑，或是清理刚刚洒在自己身上的水渍。

我之前并未计划以这种方式开始，但是我已经花了三天时间参加了不同的会议，聆听了其他发言人的意见。四分之三的演讲都是关于对电子邮件中不同的文本颜色和字体做对比测试（使用超文本标记语言还是纯文本，标题大小是 12 号还是 14 号字）以及对最佳发送时间（周二还是周三）的讨论和其他各种营销活动的细节规划。展示这些数据的公司当然做了极富创意的测试，但是看到这么多大大小小、线上线下的公司，都更迷恋于弄清是在早上 9：30 还是 10：26 发邮件更合适，而不是确保邮件内容有趣或切题，这一点让我感到极其担心。

在营销领域，客户留存是无聊的，而客户优化（争取新客户）是让人着迷的。客户优化让人感觉不错，你实际上也能很快得到关于你的营销是否奏效的反馈——这一点与“快餐爱情”非常相似。一个大企业采取行动，花大把金钱运营像“超级碗”杯上的广告活动，那么在活动结束后立即评估结果就十分简单：网站被挤到崩溃，客户发推特议论，粉丝给脸书的网页上点赞，销量直线上升。这样的营销带来即时满足感，往往让人感觉不错——这又和“快餐爱情”非常相似。

毫无疑问，即时销售的刺激让人着迷。但我并不认为从长远的角度来讲这会给我们带来利益——特别是当这些企业不注重维持他们花费大量资源才得到的客户时。我和我所有的客户都兢兢业业，防止对“性”过于着迷而忘记去“爱”他们的客户。即时营销的结果——例如品牌印象，转化率，渠道，销售，邮件打开率，和新用户一样——都是非常吸引人的东西。虽然你得到了那些追逐的刺激和成功引诱的满足感，但这对长期客户维持并无裨益。而维持长期客户更类似于爱。爱，指的是与你的客户建立联系，它比初次邂逅的浮华更具有长久魅力，并且对双方来说更有满足感。

另一种思维模式的力量

在企业界有一个古老的比喻——漏桶理论。这个比喻表明大多数企业的经营像漏桶一样：你的企业是桶，桶里的水代表你的客户。桶上的洞代表你流失客户的不同领域。大多数企业往往侧重于添加更多的水而不是把洞补上。我跑题了，我们中的绝大多数并不是漏桶，而是“落叶树”。落叶树公司喜欢在营销上大量投资，而且通常它们的营销也很奏效。

正如前文提到的，我的银行业务繁忙。银行可以毫不费力地为企业之树添枝加叶。银行被新客户包围，但是这些客户像落叶树上的叶子，只能短暂停留。因为一旦银行完成交易，就会去做更大的事情——“更让人兴奋的新客户”。我的银行愿意失去我这样具有大量未来价值、长期的、忠诚的客户，因为它忙着为新客户服务。与依靠现有财产相反，它在用储备赌博——这里并没有双关语的意思。许多企业并未认识到，这样的思维模式正让它们损失数以百万计的美元。它们未能意识到关注一个新客户的真正成本，比如说服新客户第一次购买它们的产品所需的额外时间、努力、精力和金钱以及努力吸引这些新客户所需的机会成本。

我的客户体验表明，当一个企业能真正理解并整合其利润、成长、寿命、客户关系、员工激励和客户服务之间的关系，那么在其财务报表上就会产生真正的、影响深远的结构性改变。这也是确保企业成为常青企业的唯一最佳做法。让我再说一次：

如果你想自己的企业迅速成长，你一定要真正理解利润、成长、寿命、客户关系、员工激励和客户服务之间的关系。

持续客户互动的成本与争取新客户的成本相比微不足道。

董事会最新流行语：以客户为中心

我保证你听说过“以客户为中心”和“大数据”这样的概念，特别是如果你在一个大公司工作或订阅了《纽约时报》商业版的话。问题是大多数人虽然使用这些术语但并未真正理解它们。许多企业只是纸上谈兵地声称其以客户为中心，而并未将这些概念内化或是真正将以客户为中心的策略变为行动。管理顾问和作家加尔·布雷斯说得好：“大部分公司声称以客户为中心，但它们做的也不过是‘在边缘领域表面上重视客户。’”我作为顾问的目标是帮助公司不仅在表面上重视客户，而是文上“以客户为中心”的文身，当你接受后，你已经内化它了，并且永不后悔。

以客户为中心意味着什么？

最近在商界，以客户为中心这个术语获得了很多关注——尽管如此，像许多业界流行语一样，每个人似乎都对此有自己的定义。在 2010 年《哈佛商业评论》的一篇文章中，哈佛教授蓝杰·古拉地将其定义为“从外而内而非从内而外地看待企业——即从客户的角度而非生产者的角度看待企业。”

沃顿商学院教授彼得·费德用这个定义来说明：以客户为中心这一策略是“把一个公司的发展和产品及服务的交付与一组客户当前和未来的需要联系起来，以使公司长期财务价值最大化”。

实际上，以客户为中心的想法可以追溯到很久以前。五十多年前，现代管理学之父彼得·德鲁克谈及以客户为中心时这样说道：“一个企业的主要责任是为客户服务。利润并不是主要目标，而是企业生存下去的必要条件。商业目的只有一个有效的定义：开发客户。”

你能在几乎所有管理者的办公室里找到德鲁克的书。那些管理者没能掌握他的话的真正意义吗？或者不断追求新客户而不顾现有客户，对企业来说是一个更简单、更令人兴奋的抱负吗？既然世界各地的董事会讨论都关注以客户为中心，那么我认为我们应该把它搞清楚。

以客户为中心的思维模式将对你的企业有什么影响？

我们生活在一个现代商业模式正在形成的新时代。事实上，这对经营一家企业来说是具有深刻革命性的时刻。我们的客户比以往更加学识渊博，不仅如此，他们对于表达、期待和要求特定合作方式的能力，尤其是筛选与自己的合作企业的能力更上一层。一家企业要生存下去，就需要以一种全新的方式考虑其客户及其体验。那么接下来呢？

我们需要为我们的常青企业挖一个更深的坑——以确保根基体系有所需的伸展和成长空间。这就是接下来我们要做的，这也是为何以客户为中心的概念至关重要。在彼得·费德的定义中，以客户为中心论实际上是客户选择论——确定最有利可图的客户群并将注意力和资源集中在他们身上以激励更高的客户参与度、客户留存率及最终营利。如今，我们比过去更了解客户。但是如果我们不能聪明地利用这些，那么在战略会议上学习或使用更多花哨的词语也就毫无意义。

你们可能都听过80/20法则，也叫帕累托法则。它指出，对于许多事件，大约80%的效果来自20%的原因。在我的咨询工作中，我发现80/20法则几乎适用于各行各业的各个公司，无论规模大小，顶尖的20%的客户产生了80%的利润。然而，我们的错误是没有将足够时间或资源花在顶尖的20%客户上。记住，仅仅获得很多数据声称你以客户为中心并不意味着你是真正专注于提供客户认为最好的东西。

一位客户的真正价值

一位客户的真正价值是什么？现在，这是个难题——许多公司绞尽脑汁想给出恰当的答案，但这当然是一个要讨论的重大问题。在本书的后半部分，我将把你带回现实并提出一些常识性的实际建议——但是现在，让我们一起探索大多数大型企业如何确定一位客户的价值并揭示一些它们目前确定客户价值时的误区。

理解客户终身价值（CLV）模式的限制

大多数企业着眼于衡量顾客终身价值（CLV），有时被称为平均客户终身价值。客户终身价值通常被视为数据分析的“圣杯”——这个想法，简单得诱人，直觉上讲合情合理。正因如此，信用卡公司将斥巨资争取新客户，它们有一定的把握知道平均客户对它们价值有多大。然而，将对客户的价值的判断基于客户终身价值（CLV）模式存在一些缺点。

一个主要的问题与“平均思维方式”有关。对企业来说很难留住客户的直接原因在很大程度上是因为其将客户群视为可以用简单平均数理解的单一无定型点：“我们的平均客户年龄为 37.34 岁，包括 1.38 个孩子，薪资有 53332 美元，居住在人口为 10 万或以上的城市。今年这个客户预计将为我们花费 237.1 美元，但是让我们看看是否可以用一些聪明的社会媒体营销手段让我们得到更多呢？”当然，我在这里过度简化和过分渲染了，但是看到企业和客户的大量沟通，是否会怀疑，相比你作为个人而言，你作为“企业顾客群”的一部分才更能让企业感兴趣？

花一分钟来转换你的角色——不是具有商业头脑的专家，而是客户，事实上你自己就是一名客户。想想你自己和不同企业的互动：你最近一次收到电子邮件、自动应答或录音回复是什么时候？想想你最近一次拨打的客户支持热线。我更要强调的是，想想你最近一次被当作“平均客户”对待的时候。你有什么样的感受？我严重怀疑你看到的是甜言蜜语的假象！

还有一个关于客户终身价值的重要问题：如果你只看客户终身价值，即在整个客户群中的平均值，你就无法确定那些之前与你中断业务往来的客户有哪些共性，从而无法破解他们离开的原因。你也无法确认年复一年与你合作的客户有哪些共性，从而无法鼓励新客户加入。你是否曾试图这样做？如果是的话，是不是感觉你正在“投飞镖”？

使用客户终身价值数据的方式应具有创造性

仅看单独的客户终身价值数据会混淆很多有用的信息。例如，考虑一个中小型企业每年在吸引新客户的以下两个主要渠道上分别花费 50000 美元：谷歌按点击次数付费广告（PPC）和传统口碑引荐。这家企业对平均客户终身价值深信不疑，它可能认为只要它在“树上放足够多的叶子”，一切都会变好。

但事实可能是在第一个 45 天内，10% 的引荐客户终止了与企业的关系，而 60% 的 PPC 客户在同一时间段内退出。知道这样的情况，企业的经理可能会决定大量削减对 PPC 的支出，并增加对引荐渠道上的支出。当然，他们没有意识到这一点——因为他们正根据单一数据做重要的营销决定。

有一些使客户终身价值更有效的方法，包括在客户群的不同分段中找到多个客户终身价值。例如：

· 30 岁以下的男性客户终身价值是什么？

· 40 岁以上的女性客户终身价值是什么？

· 在第一周内第一次购买价格超过 100 美元的客户，其客户终身价值是什么？

· 所有客户，其总客户终身价值是多少？购买超过 10 次的客户，其客户终身价值是多少？

· 使用优惠券或在首次购买时利用销售优惠的客户，其客户终身价值是多少？总客户终身价值是多少？

一旦我们开始研究子集，我们就进入数据模型领域了，这直接把我们带到“大数据”这个经常有所耳闻的东西。你的头疼了吗？我知道我头疼了。

认清“大数据”的真相

简而言之，这是大数据的真相：规模并不重要，重要的是你如何使用它。企业拥有的数据比以往更多，我们比我们想象的更加了解我们的客户，我们完全可以用这些数据做一些更具有洞察力的决定。一些强调以客户为中心的企业在这方面有很大进步，使用这些数据能为他们的客户提供更积极的体验。

例如，亚马逊是我们这个时代最以客户为中心的公司之一，有些人还会认为它是地球上最以客户为中心的公司。亚马逊是我最喜欢的常青企业的例子之一。从早期开始，它就以激光般的精度重视客户和客户体验。它不断挑战极限，更加深入地研究客户并为客户量身打造体验。我相信你在亚马逊购物过，当你在寻找产品时，亚马逊的系统正帮助产品寻找你。亚马逊比你自己的配偶更了解你的购物习惯，这真是令人生畏。

抛开个人隐私和大数据收集令人毛骨悚然的因素，我喜欢讲的另一个故事是凯玛特公司（Kmart）知道一位少女怀孕的时间比少女的父亲还早——这是基于她的购物模式与该公司建立的孕妇购物模式相匹配。所有这些数据的神奇之处在于它使公司不仅能够满足客户预期，更能超过客户预期。这让企业能够创造和定制他们与客户持久对话的机会。

把你的资产放在重要的地方

当谈到使用大数据的各种方式，人们很容易掉到陷阱里。当然，我完全期望大企业继续改善他们对客户终身价值计算的使用方式，但是为了本书，我想提出一些更为简单的建议：你的客户群是你的企业拥有的最宝贵资产。你企业的资产不是你的员工，也不是你的产品或服务，而是你的客户。如前所引，彼得·德鲁克说："没有客户，就没有企业。"

这份资产的价值由多个因素决定，但是主要取决于你对客户关系的投入和从这份资产中所获未来价值之间的平衡。

大数据至关重要——前提是我们用其来满足客户的需要。我们需要开始做出明智的投资决定。当我们将一切都视为“平均数”时，通常我们所做的重大商业决策都仅仅是基于好坏参半的信息而做出的。

例如，如果你是房地产投资者，你不会在一个破败不堪的街区买一栋毫无潜力的破旧房子。你会寻找一处具有可观现值和巨大潜在价值的投资用房产。从另一方面讲，你也可能寻找具有低现值但未来收益潜力可观的房产。就像在股票市场投资一样，一个明智、平衡的投资组合包含低风险投资和风险较高的投资。但是为什么公司执意将几乎一切都投资在新客户上呢？这些投资没有历史，这是极具风险的投资。我们的客户并非生而平等。当你对所有客户都同等投资时，你相信营销资金会产生最大回报吗？不要这样做。

很显然，知道如何使用数据增加一位客户或一组客户的价值十分重要，比仅仅获取大量的数据更为重要。此外，如果我们真的想通过使用数据提高客户价值，那么我们收集的最重要的数据应该是行为数据。当一群鱼一起游动时，它们朝同一个方向。如果一条鱼转身，不管出于什么原因——例如，它可能看见水面掠过的钓鱼者影子或是闻到了可口食物的香味——另一条鱼也会掉头。它们的行动出奇一致，而客户也是如此。

将这些概念运用到你的企业

当我与订阅和付费网站这样的线上实体合作时，我通常会向它们展示如何精准地监控、衡量以及追踪其客户的消费、使用和参与数据，以及如何根据客户未来利润的可能性将其分组。每组需要各自的营销、联系和沟通策略，以确保客户能从公司收获最大价值。言之有理吗？任何企业，包括你的企业都可以应用这些技巧。只要记住：你的主要目标一定得是做出将钱投资在哪里才能获得未来价值的最大潜力的判断。

由于我们已经收集了大量数据，我们处在比过去更有利的位置，这意味着我们不再那么依赖于猜测。你很可能拥有一个优秀的营销人员和工程师团队来筛选你的客户数据。如果你没有的话，我将向你展示小型家族企业如何在小范围应用这些概念并产生巨大影响。接下来要做的就是运用常识方法将它们整合在一起。当你这样做时，你就可以在客户和你公司进行业务往来时的路径做出明智决定，并加强客户和公司的关系和对话，防止客户偏离路径太远。

在本书中，我将演示如何建立“碟中谍”式的预警系统，好让客服和经理人早早发现潜在的客户流失高风险行为。并演示如何建立与客户间的个性化联系（换句话说，如何建立识别顾客行为模式并自动采取相应行动的体系）。记住那一群鱼——当一条鱼调头，所有的鱼都会调头。本书将告诉你，这种情况可能何时发生以及你能做什么以阻止它们。

介绍常青营销平衡

几年前，我遇见一位客户，他的营销团队只侧重如何“争取”更多的新客户，而几乎忽视“保留”现有的客户。这位客户没有漏桶，他有的是没有底的桶！虽然按照我们更广义的常青类比，他的企业像一棵没有叶子、根部腐烂的枯树，然而园丁却坚持不断浇水。

这位客户一直谈论他团队令人印象深刻的“销售了结（sales closing）”比率。也许亚力克·鲍德温在电影《拜金一族》中所做的“一定要成功”的经典演讲让他备受鼓舞。然而，我不相信你能“了结（close）”一段销售——你真正做到的是“开启（open）”一段关系。

这位客户因为只重视销售成功而忽略客户留存，损失了数百万美元。

销售交易是关系的开始而非结束。世界各地的销售专家如果摒弃“销售了结”的想法，他们将在业务上做得更加出色。

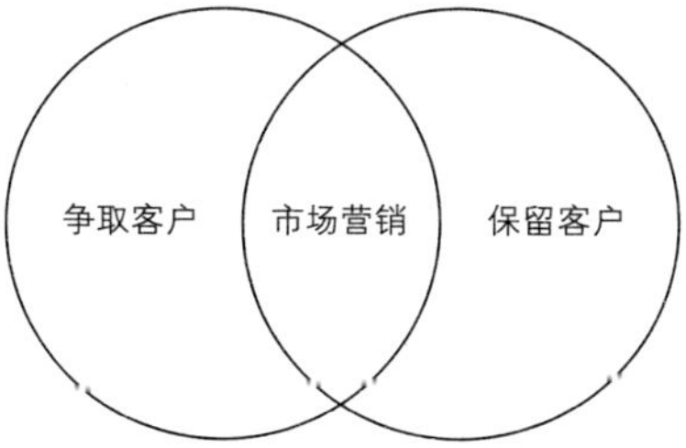

图 1-1　常青营销模式

图 1-1 所示的常青营销平衡，代表一个常青企业想要维持健康必须保持的争取客户和保留客户之间的平衡。平衡代表你的营销努力中的稳定性。当我和我的“无底桶”客户交谈时，我当场就建立起了这个视觉模型。

比较我那位客户的运营和常青营销模式，我们总结出由于他争取客户和保留客户的努力是两个完全分离的过程，两个圈没有交集。

他的唯一关注点在于争取新客户，所以就意味着他的营销努力完全不正常。图 1-2 表示他的运营过程：他引入新客户（用箭头表示），但大多滑出了底部。由于偶然情况（并非刻意的营销努力），这些客户中的一小部分得以保留，他们则移到保留圈里。没有争取客户和保留客户的适当平衡，你很难有效营销你的企业。在这种情况下，重力似乎比任何“营销”的力量都大。不幸的是，图 1-2 描述了很多企业的处境。

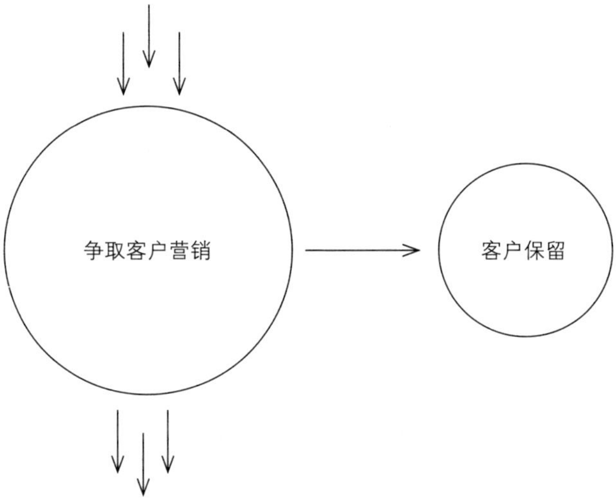

图 1-2　不稳定营销模式

常青营销模式这一概念简单得令人吃惊，但是它值得你反思自己：你如何图解企业所做的营销努力？因为平衡是两种相反力量的相互持平，所以你明显想把它们当成一个对待。作为“能留住客户的家伙”，我试图更注重右手边的圈。只要你更关注如何保留你的现有客户，一点点的不稳定性也是可以接受的。

让我们思考这都意味着什么。如果你的圆圈没有交集，可能是因为你：

· 营销效率低
· 争取客户成本高
· 客户大量流失
· 竞争压力大

如果你能够在自己的公司里平衡常青营销，你将体验到：

· 营销效率更高
· 客户忠诚度提高
· 争取客户成本更低
· 客户流失更少
· 利润提高
· 更好地理解你的客户
· 更多引荐
· 更好的口碑
· 更多有价值的客户
· 更大成功

常青营销模式引人深思，它之所以具有挑战性，是因为它对许多企业来说正中要害。发展是极好的，新客户也是必需的。没有人会对此反驳。但是大多数企业并不了解片面注重争取新客户的真正成本。

当我们深入了解损失时间的真正成本时，我们看到的是巨大的利润杀手。把时间花在加深与现有客户的关系上会更好——结果会比任何争取客户的冒险行为更富有成效。仅仅重视争取（希望能够停止叶子掉落，或者希望你能按需继续添加新叶子）是浪费时间、短视、傲慢的商业策略——而人们经常采纳这种策略。

这是常青企业的真正本质。我提醒那些拼命寻找更多东西的公司：他们在希望改善对话，他们在策划写出更好的广告文案、制作热门的视频，他们在确定一天中发送电子邮件或发表博客的最佳时间，他们在收集更多数据——他们在做上述一切，但是他们现有的客户还是像枯萎的叶子一样掉落流失。

不一定非要如此。

* 第二章　常青企业的“3C”原则

常青企业的必要组成部分

Goldie Blox（美国玩具品牌）正风靡全国。2014 年第 48 届超级碗广告向大众大肆宣传了这家公司（公司拥有一系列为女孩设计的积木玩具）。广告上，一群女孩踩着滑轮，从二楼阳台把一个粉色独角兽木马摇下来，她们把一个粉色公主城堡装载到一个滑板形状的临时货船上，踩着固定在粉色三轮车上的精巧踏板，骑向街道——隐约看去，就像许多粉色雪球急速下降。男孩子们稀里糊涂地给这群愈加喧闹的队伍让开了路。数百名女孩向她们的最终目的地冲去　　在公园举行的选美人赛。在粉色气球拱门下，年轻的选美选手似乎因女孩们的到来松了口气，她们热情地迎接这群女孩，还丢掉了她们的皇冠。在这儿，大量的粉色玩具被装上一个粉色火箭船，发射到空中。

广告的背景音乐是悄声暴动合唱团（Quiet Riot）的经典摇滚歌曲“Cum On Feel the Noize”。广告将歌词改成女孩们吟唱：“来吧，丢掉你的玩具。女孩们勇敢发声。我们要的不仅仅是粉色，粉色，粉色（pink），我们要的是思考（think）！”毋庸置疑，这个广告火了。

Goldie Blox 是斯坦福大学毕业的工程师黛比·史黛琳的创意，她现在是这家公司的首席执行官。在史黛琳上学的时候，她很快发现她的专业里很少有女性。她想也许是因为与她同龄的女性在小时候收到和她一样的玩具——洋娃娃，玩偶屋，和许许多多可爱（但不太有意义）的粉色玩意儿。在那时候（并不久远——史黛琳现在才 30 多岁），积木玩具和修补玩具并不是为女孩准备的，它们专属于男孩子。在随后的几年里，像“林肯积木”公司这样的经典儿童积木玩具制造商只是通过简单地在这里或那里添加粉色屋顶或粉色包裹来使其产品“女性化”。

史黛琳决定对此做出改变，她开始使建筑从更基本的层面上吸引年轻女孩儿。在她的广泛研究下，她意识到虽然女孩们在本性上喜欢建筑，但是她们往往也喜欢阅读。她灵光一闪，决定将这两者结合起来：当女孩们玩 GoldieBlox 时，她们将阅读有关 Goldie 的故事，接着用齿轮、滑轮、杠杆、细绳和其他工具为她遇到的具体问题构建解决方案。真是棒极了！结果，史黛琳的公司俘获了世界各地数以百万计女孩的心。然而，对我们的探讨更有意义的是，她完美地应用了我将在接下来三章里要教给你的一切——可以说几乎恰到好处。而且史黛琳自己可能并未意识到她的公司体现了“3C”原则。

在接下来的三章里，我将展示与客户建立长期持久关系的新方法和更有效的营销手段。这是你能用来帮助自己企业达到“常青”的战略框架。这一新方法将使你更好地理解客户保留，减少客户流失并改善客户体验、增加客户忠诚度。我将这一战略框架称为常青企业的“3C”原则。

“3C”原则是什么

一家企业要想在我们快速变化的经济体中兴旺前进，它一定要采纳 3C 概念：角色（character），社群（community）和内容（content）。通过熟知其中每一个概念并将这些理念适用于自己的企业，你将能更好地定位自己，从而使企业最重要的商业资产——客户最大化。自然而然，你也将想出与客户交流和巩固关系的更好方法。

我知道 GoldieBlox 是因为我的好友战略营销奇才肖恩·韦尔特曼（他熟悉 3C 概念）有一天打电话告诉我一定去这家公司看看，看看他们在做什么。他说：“诺亚，这家公司有令人难以置信的角色、社群和内容！”

肖恩说的没错，GoldieBlox 将这三者完美组合：它有独特的角色（特别是非常吸引母亲和女儿），强大的客户社群（儿童参与其中的方式是上传他们最青睐的完成“Goldie 挑战”视频），以及令人难以置信的内容——GoldieBlox 的内容不仅仅是一个玩具，还提供惊人的价值和动态的客户体验。这是一个具有启发性的商业模型。

接下来的几段是每个 3C 原则的介绍。这些概念——以及如何将其应用于你自己的企业——将在接下来的三章里被详细解释。与我同行，这将是常青森林里一次了不起的远足。

角色 (Character) 原则

当消费者想到你的企业时，他们第一个想到的就是角色。它和人类似，它是你的品牌个性，它代表你的客户所认为的“你”。

在 30 多年前出版的经典书籍《定位：观念之战》中，艾·里斯与杰克·特劳特论证了大多数人只记得任何特定企业的几个特征。当企业（和它们的品牌）试图与一个客户沟通时，它们是在和上百万其他的信息竞争。这些信息会产生杂音，使得任何一家企业（或品牌）都很难与现有或潜在客户产生共鸣或将其留下来。你认为 30 年前杂音是糟糕的么？如今，这却是积极的、震耳欲聋的声音。这本书中主要的启发在于企业要么能决定让客户记住自己的那几件事情将是什么，要么就让市场做主。令人难以置信的是，大多数企业选择后者。

你可能已经猜到，我坚决主张抵制这种趋势。角色原则是定义、塑造和呈现你希望客户能与你的企业联系在一起的角色特点。角色不仅仅是另一种花哨的营销方式，还是关于发展的一种组织理念，它能够阐述你的经营理念并将你的价值更有效地传递给客户。近年来有不少关于品牌个性的著作，然而大多数作者并未解释为何品牌个性对于建立客户忠诚度更为重要，也未解释如何在战略战术上塑造你的企业角色。我们将在第三章中详细探讨这些概念。

社群（Community）原则

2012 年 5 月，沃伦· 巴菲特斥资 1.42 亿美元收购通用传播

（Media General）集团的多数股权。通用传播集团当时在美国东南部发行 63 种日报和周报。巴菲特宣称将为该公司提供 4 亿美元的贷款，这也算在这笔交易内。媒体批评者表示难以置信，一位评论专栏作家甚至写了一篇博客，标题为“他是疯子吗？”

为什么巴菲特会对一个过去十年里江河日下的产业进行投资？他对伯克希尔·哈撒韦公司的股东们说：“我认为报业的未来存在于有社群归属感的领域。”

巴菲特意识到地位不高的当地报业的力量总是被低估。这类报纸对待大型连锁商店对本地商业环境的破坏行为，与大规模的全球性报纸对国际关系峰会期间的暴动的态度一样严肃。北卡罗来纳州最知名的小镇报纸《邓恩的日常记录》的创始人胡佛·亚当斯认为，当地报纸的存在是“为了展示当地名字和当地图片”。当地报纸之所以具有影响力是因为它们强调社群归属感。当人们看到他们邻居的名字时，他们有点兴奋，并想：我认识他！当他们看到自己的名字时，他们感到激动，他们知道小镇里的其他人会看到他们的名字出现在报纸上。这些就是加强社群归属感的事情，也就是巴菲特认为这些报纸依然有价值的原因。正如胡佛·亚当斯所说：“在现在这个年代，小镇里大家都彼此认识。他们喜欢阅读与每个人有关的故事。”

2000 年出版的罗伯特·D. 普特南的经典著作《独自打保龄：美国社群的衰落与复兴》是数十年来第一本指出这件事的书——西方世界正失去许多传统社群。普特南的主要发现是尽管个人参加社会组织的活动数量显著提高，但任何社会组织参与度都显著下降。（例如，保龄联盟的会员数降低了，但是打保龄球的个人数量比以往多。）这与为你的企业建立客户忠诚度有何关系？答案在于一个已经变为老生之谈的真相：

没有谁是一座孤岛，在大海里独踞；每个人都像一块小小的泥土，连接成整个陆地。

人类从本质上来说倾向于寻找有相似兴趣、价值观和信仰的人。人们被吸引到品牌社群是因为它能帮助人们找到享受相同产品、服务或者认同其实用性的其他人。

在《正义之心：为什么人们总是坚持“我对你错”》中，社会心理学家乔纳森·海特大量汲取社群在我们进化历史中的重要性。海特认为：在过去的十万年间，人口数量剧增并非因为人类是最迅速、强壮，或是最具侵略性的生物。我们很难反驳他的看法，我们动作缓慢、虚弱，没什么自然武器，但是我们与他人协调工作的能力——不管是打猎、建造，或是保卫领地——都能让人类与众不同并繁衍生息。

互联网和移动通信的兴起既让我们彼此联系又让我们互相远离。在当今社会，人们很容易感到孤独。这就是为什么当我们找到一群和我们相似的人时，我们想成为群体一员或留在那个群体中。最重要的一点是：如果企业能够认识到这种联系的需要并创造社群形成的结构，那么企业在保留客户、建立客户忠诚度和最大化客户价值方面就会具有明显优势。第四章为你展示如何为客户和在客户间创造一种社群归属感。

内容（Content）原则

让我们回过头来最后一次探讨 GoldieBlox 公司。当史黛琳创立公司时，她并非仅仅想把一种玩具引入市场。事实上，实际的产品次于她那更宏伟的目标。史黛琳肩负着改变大趋势的使命，特别是关于女孩在玩具专柜面前的感受。她的使命感更强，因为她希望建立一种充满情感的客户体验，这种体验会鼓励女孩和她们的母亲以新的视角看待世界。

2012 年秋，史黛琳在受欢迎的众筹网站 Kickstarter 上集资 15 万美元，以建立 GoldieBlox 并在世界范围内经营。她在四天内实现了初始目标，当她做到后，她又从 5500 多名个人捐赠者中筹集到 285000 多美元。当时还没有产品，有的只是愿景和故事。在第一滴塑料注入模具之前，营销、口碑和热情已经将产品售出去了。短短几年后的今天，几乎在每个大型玩具店都能看到她的产品。

如果你阅读过一些关于这个产品实际体验的评论，你会发现很多评论并不是完全持赞赏态度的。一条评论这样写道，“粗制滥造——我不知道这是质量控制的问题还是一个糟糕的设计问题。你放在黄色轮子上的数字并不合适，转动轮子的力量不对，如果你不认真缓慢地拉动彩带的话，它们就会掉下来……这并不能代替乐高玩具。”显然，质量控制的问题应该得到解决，但是 GoldieBlox 仍然风靡全国，公司已经凭借其鲜明的角色以及引人注目、如野火般蔓延的故事制造出这种知名度。诚然，一些客户购买产品仅仅是因其宣传，他们可能不会成为长期客户。有关细节的投诉，比如塑料的质量，表明某一位客户并未与这个不仅仅提供内容的公司建立感情联系。然而，忠诚的客户——那些对角色和社群感兴趣的客户——往往并不会在意糟糕的内容体验或未达到标准的异常体验。

从最基本的层面上讲，内容是企业的核心。我用“内容”这个缩略术语来描述你的客户从你的企业购买的是什么。一些情况下，它指的就是产品；另一些情况下，指的是服务；其他情况下，还指的是信息。内容是客户用钱交换核心的“东西”。它也是 3C 原则中的最终因素。对律师而言，基本内容是建议和处理法律事务；对航空公司而言，内容是把乘客从 A 点送到 B 点；对网络服务而言，内容是产品的实用性；在史黛琳的案例中，内容就是 GoldieBlox 的实体玩具。

这里是有关内容的信息：内容是一个成功企业的必要非充分条件。没有内容，就没有企业，但是仅仅靠优质的内容也无法保证成功。思考 GoldieBlox 的例子：实际上史黛琳的产品相比于等式的剩余部分——她的企业角色和社群，是次要的。（但是，她的产品仍然是极为重要的。）

我们都致力于为客户提供某些东西。我们遇到的挑战是帮助你了解你提供的东西实际上并不比你提供产品的方式，以及客户的体验和感受重要。在第五章中，我将继续讨论内容这一概念，并向你展示如何定位产品和服务来创造一种前所未有的价值感，这些方法会让你感到难以置信。

协调 3C 原则，共同发挥作用

3C 的力量源于它们和谐地在企业内共同发挥的作用。道理是这样的：如果你的企业想成为常青企业，你需要让这三个原则共同发挥作用。这时，你的企业会发生极大的改变——变得更好。反之，你可能无法指出问题的症结所在，但是也会感到有些不对劲。

为了在接下来可能动荡变化的十年里繁荣发展，你的企业一定要仔细考虑 3C 概念。看一看图 2-1。

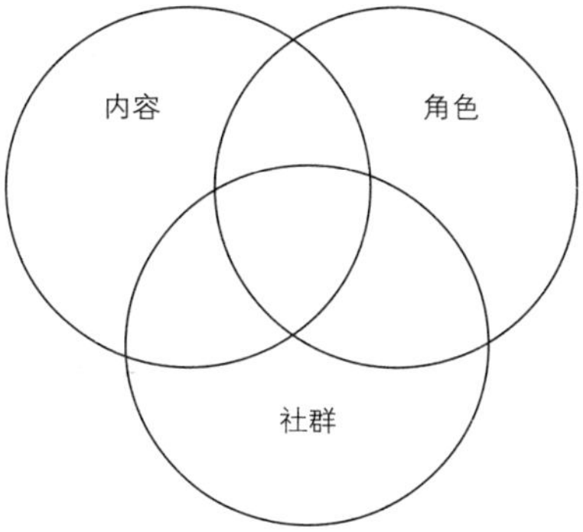

图 2-1 “3C”原则的平衡

如果你的企业有内容和社群但是没有角色，它就可能给人自恋、乏味和不可靠的印象。你拥有商品——产品、服务，或信息——但是客户还是会有点接受不了，即使你有坚实的社群结构，他们也不会对社群产生情感联系。你提供的空间，可能让客户倾诉其担忧而非称赞你的企业。

如果你的企业有内容和角色，但是没有社群，你的企业可能像 20 世纪 80 年代的遗迹。你似乎认为事物终将回归它们以前的样子，像网络和移动的发展只不过是昙花一现。网址？谁需要这种东西！脸书？这将成为过去。客户可能会因为怀旧、简朴或缺乏选择而和你做生意。醒醒吧！现在你有一个大好机会！你要习惯我们生活的这个世界并利用这个绝佳的机会来与你的客户建立前所未有的联系。

如果你的企业有社群和角色但是内容糟糕，你的企业就是一具空壳。你拥有了不起的品牌角色和有益于形成社群的结构，但是你的产品和服务往往会让客户失望。这样的企业能够在业务上取得成功，但是要想取得组织进展、提高客户忠诚度，就极具挑战了。你的内容必须总是一流的。你必须不断为客户提供价值和兴奋感。

如果你的企业有绝佳的内容、良好的角色和优秀的社群，你将建立稳固的客户忠诚度和常青关系。这就是“秘方”，是客户忠诚度的圣城麦加。这是世界上最成功的企业都在使用的诀窍。这些企业知道他们为什么这样做，而且能够通过引发共鸣并创造真挚的情感影响，把这种感觉传递给客户；它们提供全世界质量最好的产品或服务，而且为满足和超过了其为客户设立的期望而感到骄傲；最后，它们建立合适的体系使客户彼此联系。

有时，社群这一概念并不需要说出来。例如，2000 年初苹果公司的经典广告中，一群黑色剪影的人戴着标志性的白色耳机和悬挂着的耳机线在跳舞。苹果公司用这则广告标志其社群成员。在纽约街头的人行道上，熙熙攘攘的人群中，遇见戴着同样白色耳机的人是一种精神上的握手，是两个属于同一社群的陌生人的会面。

想象一下如果你能在客户间创造这种感觉，会发生什么。你能够并将会做到。接下来我来告诉你怎么做。

⋆ 第三章　第一个“C”，角色（Character）原则

企业的植物学

每天大约有 1700 万人访问亚马逊公司的网站。2012 年 5 月 10 日，访问者体会到了前所未有的体验——之前亚马逊公司的主页上显示的是基于客户浏览和购买习惯的推荐书目或者是最新的畅销书，而那一天与往日不同，网站上显示着一封写在羊皮卷上的手写书信。这看起来似乎是一群黑客把主页占领了，但是网站并未被入侵。这封信是亚马逊公司的首席执行官杰夫·贝佐斯写的。这封信以“亲爱的麻瓜们！”开头，贝佐斯向世界各地的 Kindle 用户、亚马逊客户以及哈利·波特的粉丝们宣布，《哈利·波特》系列书的电子版将在 Kindle 用户借阅图书馆免费发布。有人称这是流行做作的营销手段，但这不是贝佐斯第一次直接和客户对话。事实上，他总是这样做。即使是像亚马逊这样的大企业也愿意标新立异来与客户沟通其角色的特殊方面——例如对书籍和阅读的热情。

你看，贝佐斯并不在意他传递的信息与那些寻找最廉价的产品或想要在别处购买产品来节省 2 美元的客户有怎样的共鸣。反正他不会赢得这些客户——他们是购“物”者。贝佐斯更有兴趣与那些

和亚马逊有相似角色特点的客户建立联系——他们有潜力成为亚马逊的忠实客户并能够长期增加其利润。亚马逊已经塑造了一种真实的角色，公司在坚持那些与关键客户相同的几个重要观点方面，取得了极大进步。你想尝试与你的所有客户产生共鸣，还是只与合适的客户产生共鸣？

在我指导700多名企业家和独立专业人士的过程中，他们很多人正在建立个人品牌以支持其产品或服务的销售，我很快意识到角色和他们提供的内容一样重要。我也意识到，如果想建立并发展有竞争力的个人品牌，刚开始就一定要遵守某些规则——几乎像信仰宗教般地遵守这些规则。随着我的注意力从企业家和小企业转移到更大的企业，我看到一些像亚马逊、苹果公司和哈雷戴维森公司等最成功的企业正践行着角色原则。此外，正是因为角色原则，这些公司才都是常青企业！

讲一个好故事的力量

品牌专家喜欢说好的品牌就是要有一个好故事，确实如此。事实上，故事是让客户牢记企业的最有效手段之一。看看任意一家早已成功的企业，我打赌你很了解它的背景故事。让我来举个例子：有两个人以在车库里组装电脑起家，之后他们创立了最大最成功的公司之一。你知道他们吗？我相信你知道。就因为一个简单的背景故事，你很快就知道我说的是苹果公司三个创始人中的史蒂夫·乔布斯和史蒂夫·沃兹尼亚克。

奇普·西斯和丹·西斯的必读书《粘住创意》，认为故事是你想粘住的任何信息中最重要的要素之一，在商界更是如此。但是故事本身只是等式的一部分。让我们再看看另一个例子：如果我说有一位少年在一次去学校科学实验室的旅途中被蜘蛛咬了一口，他第二天醒来后就有飞檐走壁的能力，你会想到什么？就凭这个简单的背景故事，你很快就知道我说的是蜘蛛侠。为什么呢？因为这个故事包含一个独特而成熟的角色。

引人入胜的角色是最扣人心弦的故事的关键所在。正因如此，伟大的小说才如此令人难忘。作者们精心雕琢人物角色的背景并确保其与故事中的行为一致。相应地，如饥似渴的读者们讨论角色发展时，看到作者肯花时间塑造人物角色，就会感到满意。回到商业领域，让我们更为深入地看看第一个例子。

苹果公司总是将自己定位为引导客户“与众不同”的公司——一个敢于挑战现状的公司。在大约 40 多年前，在车库里的两个史蒂夫就知道一个“我们 vs. 他们”的定位对其故事和商业成功至关重要。乔布斯也知道角色的原则。他在 2004 年接受《商业周刊》的采访时这样说道：

当我回到这里时，苹果公司已经忘记了我们的定位。还记得我们“与众不同”的广告（广告展示了从爱因斯坦到穆罕默德·阿里，再到甘地）吧。在某种程度上，这个广告是为客户准备的，但是这更是苹果公司自己的广告……从一个人崇拜的偶像就能了解到很多关于这个人的事情。这则广告是用来提醒我们，谁是我们的偶像，而我们又是谁。我们却忘掉了这一点。

角色是有效品牌的基石也是一个常青企业最关键的组成部分之一。你知道“你”是谁吗？

谨记，“你”是你自己企业的作者。你能够定义其角色并阐述其他细节来讲述一个栩栩如生、引人入胜并令人难忘的企业故事。不要把这个过程留给市场，利用历史和其他趣闻使你的企业角色更完善、故事更吸引人。经过精心设计，这个故事将成为你的企业传说的一部分。是你在书写企业的故事，还是故事为你而写？

塑造企业的角色

相比于其他企业，能够因所定义的角色而发展壮大的企业，会与其客户建立起更深刻、更有意义的联系。与一家企业建立了联系的客户会在与其做生意时感到一种目的感或归属感。这就是客户忠诚度开始的地方——早在第一笔交易达成之前。这是违反直觉的，因为大多数企业认为忠诚度建立是从销售后开始的。但是，如果在客户真正变成客户之前，你就做了很多繁重的准备工作，会是什么样呢？听起来不错，是吧？那么，你究竟如何塑造企业的角色？

在西蒙·斯涅克的经典著作《从为什么开始：伟大的领导者如何激励行为》中，他认为大多数企业运用营销手段——促销活动、优惠券、折扣等等——本质上旨在操控客户。但是，真正伟大的企业会采取不同的策略：它们旨在激励客户。

受到激励的客户会把对公司的评论口口相传。他们更愿意相信公司的所言所行，就更可能保持忠诚。

我现在能听到你这样说：“诺亚，这听起来不错，但是我是卖人身保险的。对于我如何激励客户，你有什么建议吗？”

正如书的题目所示，斯涅克建议企业必须从问为什么开始。为什么你的公司这样做？斯涅克展示了一个他称之为黄金圆圈的概念，他向各位读者发出挑战，请你阐明你的企业模式，从圆圈的核心开始，明确你为什么这样做，然后（转移到周围的圆圈）明确你要做什么，最后（转移到外圈）明确你怎么做。正如斯涅克建议的那样，你做的一切都需要从问为什么开始。

我同意斯涅克的前提，并且补充一点，你的内容——用于描述你制造、出售或提供什么东西的缩略术语——相比于你为什么制造、出售或提供它而言，是次要的。为解释这一概念，让我们快速浏览两个采取不同策略的公司——从而获得截然不同的结果。

以“做什么”开始——一个失败的策略

许多企业认为它们制造、出售或提供的东西才是它们取得成功的最重要因素。有时，他们把重点放在这一理念上，对其他的一切全然不顾。这样就会倒退几年。如果一个能够支持动画（顺便说一下，史蒂夫·乔布斯强烈反对这一技术）的新平板电脑马上获得成功，你会怎么想？如果它还具有在手持设备上处理任务的功能呢？如果它还提供一个螺旋仪、一个磁强针和一个加速器呢？这些特点会让平板电脑比已经技术成熟的 iPad 更具优势吗？有一家企业这样认为。

2011 年，黑莓公司在研发方面斥资 2.05 多亿美元，准备发布其第一台平板电脑 The PlayBook。但是黑莓公司遇到一个难题：公司高管对产品的目标市场各执己见。谁将会真正去买这个产品——这个产品在市场上已经有了？这对于曾在短时间内以电子邮件平台主导移动世界的黑莓公司来说是一个重大的运营错误。

黑莓公司的高管们对谁将购买 The PlayBook 争执不休，但是他们本应该花时间确定公司的定位——或者更准确地说，公司为什么要这么做。

以"为什么"开始——一个成功的策略

鉴于之前的例子，如果能真正理解作为一家企业的角色是什么以及"为什么"这样做，同时确保你能有效利用每次机会推销这些价值并且让客户与企业进行互动，这难道没有意义吗？这不仅有意义，而且这样做将使你的公司发生翻天覆地的变化。

当你作为客户，从一个运用角色原则的企业购买产品或使用服务时，你几乎下意识地进入一个角色中，这个角色与你购买产品的企业的角色紧密联系在一起。例如，当你购买一台苹果手机时，你不仅仅是在购买苹果手机。你正进入到苹果公司多年来精心打造的"我们 vs. 他们"的角色联系中。

找到最有效点

当一家企业能够将它如何看待自身与它如何看待客户及客户如何看待企业匹配起来，就会产生令人惊叹的协同作用，这就是角色的力量——客户忠诚度起始的地方。这就是最有效点。认识到这一最有效点的企业，在它们与潜在的或现有的客户交流或营销时，就只会花费很少的钱。它们在争取客户方面的花销更少。当一家企业定义其角色时，它就有了一个简单的、针对一种问题的诊断工具，能够衡量与潜在或现有客户的外向交流：这个（广告、电子邮件、推特、书信等等）与我们想如何被客户看待相匹配吗？

你知道为什么苹果公司是个了不起的例子吗？苹果公司从来不涉足产品业，它一直致力于销售苹果公司的角色。购买第一个苹果产品有点像食禁果：一旦你咬了一口，你就着迷了。这是因为苹果公司十分清楚其定位以及它想让客户如何看待公司，这使得苹果公司能够对它想争取的客户量身定制信息。营销不再是臆想。

黑莓公司可能推出一款比 iPad 多任务处理功能更强的设备，微软公司可能推出带有新特点或第三个相机的“划时代的平板电脑”，谷歌公司可能推出一个小装置，其性能优于苹果公司所有产品的性能。我们可能购买这些产品，但是它们不会轻易地赢得我们的忠诚度。客户忠诚度并非是通过内容（你的企业所制造、出售或提供的东西）赢得或创造的，忠诚度是通过仔细运用角色原则和社群原则建立的。你的内容仅仅是支撑一个高耸入云的常青企业的根部结构。

区分角色与夸张描述

你设置了你的脸书个人资料吗？我暂时不谈你的企业，我正在向你提问。你是正在使用脸书的 12.8 亿用户中的一员吗？脸书的问题是它正成为一种数亿人的“虚荣发布平台”——你也可以说是临时演讲台。每天我看到数百位熟人——有一些人我有 10 年、15

年、20 年或者更久没见了——分享他们生活的一切。他们分享照片、更新状态、何时在家（何时不在家，为了得到世界各地盗贼的称赞）、晚餐吃了什么、他们的狗何时移除了胆结石以及“小比尔”如何把豆子扔在地板上。我妻子称“脸书（Facebook）”为“吹书（Bragbook）”。她依然是这个地球上坚持不申请脸书账号的小部分人之一。她说得有道理，因为一些人在过自己的生活，他们用脸书作为与他人联系的工具，而另一些人则过着次要的、更虚拟的脸书生活。脸书允许人们虚构地设计他们展示自己的方式以及被他人看待的方式。

也许我过于愤世嫉俗和苛刻。毕竟脸书已经成为人们联系在一起的主要方式之一，它也使得一些企业通过企业脸书这样的平台与现有客户联系并争取新客户。虽然大多数企业像大多数人一样，往往在脸书上呈现其最佳“面貌”。我的朋友萨马·贝查拉是来自于黎巴嫩的一位技术顾问，他说：“脸书之于社交就如色情作品之于爱，它是真实生活的虚假、廉价替代品。”这是个精彩的比喻，你很难反驳他。不要将脸书作为引诱你客户的工具，应该将它用作与客户建立联系的工具。

对于希望利用企业脸书提供的常规交流优势的企业，我的建议是：不要再花太多时间展示我所称之为“脸书上的你”，开始认真塑造“真实的你”。太多的营销团队没能抓住这个重要的点。如果一家企业花时间和金钱试图说服客户接受其美化过的身份和立场，这些营销努力几乎一定会失败。那不是角色，那是夸张的描述。

在日本，有两个描述这种现象的流行短语。日本人将其称为“公众形象 - 私人形象（Omote-ura）”。公众形象是指企业或个人希望被外界看到的方式，这被看作是现实、神话和谎言的混合物。私人形象（Ura）是公众形象（Omote）背后的现实。你的企业展示的是它真正的角色还是对于你希望外界看待你的夸张描述？注意：如果你展示的是市场想看待你（你的公众形象）的夸张描述，那么你永远不会建立真正的客户忠诚度。

通常掉入这一陷阱的类似营销者经常兜售“透明度”这样的概念，这是营销界中的常见热词。然而，透明度的问题是，企业和专家都没有真正定义它的含义以及它如何能够帮助企业发展的模式。我在这里无法解决这个问题，但是我能够很肯定地告诉你一些透明度无法保证的事：透明度并不是说不顾安全和保密问题而分享你企业的一切细节，它并不是指派一群员工或者聘请一个社交媒体团队去负责一个任务——即在网上对他人推销或提及你的品牌时做出回应或是积极参与交流，这并不是被动的。

让我们考虑另一个选择——积极主动，这是所有常青企业的特点。“脸书上的你”所代表的你的角色是无效的，因为它不能真实地反应你是谁以及你为什么这么做。因此，这种方法只能让你做到现有的水平。客户一眼就能看透那些只致力于推广优惠来刺激销售的企业。诚然，你可能获得一些“赞”，你可能鼓励一些有限的参与，但是这不是建立客户忠诚度的有效策略。相比于建立自己的夸张描述，你难道不认为明确你的真实角色，从而定位你的发展方向并且与客户建立更有意义、更有影响力的联系更加有意义吗？

阐明“真实的你”

为了更多地了解你的企业的真实身份、你的企业究竟代表什么以及你希望客户和你的企业建立怎样的角色联系，现在让我们看一个简单的方法。至此，我将向你展示如何把这些关键的角色特质与你正在做的事情联系起来。我已经通过帮助企业明确其真实的角色而使得无数企业在营销和建立忠诚度方面取得了显著进展——一旦它们明确自己的真实角色，就会火花飞舞、业绩增加，获得极大成功。但是在谈到你的企业如何应用这些措施之前，让我们迅速浏览一下已经成功应用这一想法的两个案例。

向美捷步（Zappos）学习

美捷步是专门销售鞋类的在线零售商，它在客户购物体验的每个方面都精心应用了角色原则。不管来访者是否购买产品，他们都将情不自禁地与这个给他们留下深刻印象的企业进行互动。这是美捷步的一种运作方式：几乎每一双线上销售的鞋都配有一位美捷步员工对这双鞋详细描述的视频——从鞋底的花纹到鞋带末端的小塑料头。这些视频成功地传达了有关美捷步员工的两件事：他们对鞋子的热情与对完善客户购物体验的热情。

与此同时，这些视频展现出企业的关键角色特质。其中主要的一点是美捷步是“世界上最友好的客户服务企业”。它也是最幸福的工作场所，因为令客户满意是他们的首要目标。这些关键点会在每一次互动和信息传递中被表现出来。理解这个理念了吗？现在，你怎么能确保你的企业日常互动交流能够说明你的角色特质？

向杰米·奥利弗学习

英国名厨杰米·奥利弗（Jamie Oliver）1997年通过英国广播公司进行烹饪表演时，以“原味主厨”著称。他长相帅气，20出头，能以独特方式烹饪出简单而有趣的健康食物，对他而言“原味主厨”是一个有趣的、引人注目的名字——他很快在英国吸引了数百万粉丝。奥利弗崛起为明星厨师，这最终把他带到美国，他在美国找到了更大的机会：从快餐业到学校食堂营养不均衡的食物，奥利弗都一一反对。

争议得到承认。奥利弗已经成为世界上最具影响力的食品代言人，他也成为英国作家富豪榜第二名。同样地，奥利弗的个人品牌也大受欢迎。如今，他是个家喻户晓的人物，从意大利面酱到面条，再到厨房用品上，都有他的名字。让我们从一个幕后的角度看一看奥利弗的营销团队是如何策划这一惊人成功的：

在《杰米·奥利弗：全新零售企业品牌指南》一书中，题为“我们的价值和个性”这一页中，详细介绍了代表奥利弗品牌必须遵循的沟通原则。这一原则是：“杰米以其温暖的个性、强烈的信念和分享知识的热情著称。”该书接下来将其个性描述为“诚实且富于挑战——直率、思想开放、真诚；有激情和感染力——对食品和健康生活的真正热爱；平易近人——有趣、不做作、有亲和力、幽默，鼓励每个人尝试一下。”接下来题为“语气”的几页中解释道，语言一定要“充满杰米的平易近人和温暖”，而且“模仿应该总是在目的和热情中找到平衡，以一种真正与所有人产生共鸣的鼓励方式分享知识和观点。”

你在创立自己的企业角色时需要明确这一点。

把这些策略带回你身边

你是不是最有影响力的食品代言人之一或是英国第二富裕的作家，这并不重要。奥利弗营销团队在建立品牌时努力所传递出的那种清楚的信息才是你的企业所需要的——不论规模大小，处于什么行业，或者有多少员工。这种信息的清楚性是任何企业都可以做到的，并将极大地影响你营销努力的有效性和与客户建立联系的能力。

清楚阐明企业角色的过程不但能使企业内沟通变得更为容易，也有助于降低人们把事情搞砸的可能性。正因为如此，企业才建立品牌指南。如果你经营一家小企业，让你的企业从竞争者中脱颖而出，需要留意从店内客户服务到接电话的方式这些事情将帮助你留住客户并建立更深的客户忠诚度。如果这些细节与你展示出的企业角色特质或你为品牌建立的期望不一致，那么一切都将毫无意义。现在我们来谈一谈如何建立你的角色。

你的企业有一个包含企业所做所为之核心的使命宣言或是价值定位吗？在世界各地的摩天大楼里，华丽青铜牌匾装点着企业的墙壁，上面刻着那些大字，都是描述企业的本质、运营方式以及目的的话语。问题是大多数的使命、价值和愿景与企业员工的日常行为并不匹配。这是因为大多数的使命宣言和价值定位只是企业基于客户想要或想听的而建立的，而且大多数试图将这些话付诸实践的行动都十分随意。

相反，当你的企业角色与你办公室墙上的使命宣言一致的时候，当你的员工的日常行为与你企业的角色相一致时，你就在整个企业内建立了一个根基，这个根基旨在提供更优质的客户服务，与客户建立更深层、更有意义的联系。你的目标一定要从达成交易转移到建立联系。你要让客户接受你是谁。这样做的话，你才能够希望影响他们和他们的决定。

每个品牌都有自己的个性，但是大多数公司不确定这种个性是什么，也不懂得如何在每次互动的时候与客户持续沟通。接下来，你将找到一个建立在你的企业角色上的入门指南。大多数的品牌专家会引导你回答一些问题，比如“如果你是一辆车，你会是什么车？”或者“你会把你的企业比做哪种类型的电影？”这种询问方式多少有些帮助，但是我认为还有更加有效的方法，这也是我帮助自己客户的方法。

五步法建立公司角色

我用五步法来建立公司角色。我认为，这些步骤也阐明了一个鲜明的企业形象中最重要的组成部分。

现在，我希望你能卷起袖子大干一场，先尝试几个简短的头脑风暴练习，你可以和你的团队以小组的形式或是自己做这些练习。当你做完这些练习以后，你将开始看到这个过程如何建立起一个丰富、引人入胜、与之前的想象截然不同的企业角色。在你执行这五个步骤时，你可以写下每个问题的答案或在心中记下这些答案。

第一步：打造你的原创故事

在当今时代，你的客户不断被信息和消息轰炸。他们很容易忘记你的公司在做什么、如何去做。谨记，故事能产生共鸣，而且让人经久不忘——所以你需要讲故事！如果你的企业在车库起家，那么就说出来。打造一个有关你的企业的丰富而且复杂的背景故事，把它讲给你的客户。越详细越好。你的客户想要了解这个故事，这个故事能够帮助你们建立联系。

从回答下列问题开始：

· 谁创立的企业？
· 企业何时创立的？在哪里创立的？如何创立的？
· 为什么要创立这个企业？
· 企业的最初愿景或志向是什么？
· 自成立起，企业保持什么传统？

想一下，写下关于你企业的一段两段话。不要过度思考，就用你对上述问题所做的回答写。

第二步：定义你的超级英雄

人们想要和他们喜欢的人和企业做生意，但更重要的是，他们想和令他们着迷的企业合作。超级英雄让我们着迷。这就是为什么我们记得那些成为蜘蛛侠、蝙蝠侠、钢铁侠的人的背景故事。把你的企业想象成一个超级英雄，围绕一个有传奇色彩的角色来打造你的企业核心讯息和愿景，从而你将与你的理想客户在更有意义的层面上产生共鸣。

并不是所有的角色都必须是字面意思上的超级英雄。许多企业已经成功建立在了真实生活中的“英雄”角色或个性之上。想一想肯德基的桑德斯上校、奥维尔·瑞登巴克，或是维珍集团的理查德·布兰森——我并不是说你要冲出去创造一个吉祥物或是用企业所有者的形象到处打广告。你需要谨记的是：你企业的角色一定要通过每位员工、每次营销、每次客户沟通而延续下去。

然而，最重要的是，你的企业角色需要有趣。无聊的人既不能获得人们的注视也不能赢得人们的尊重，企业也是如此。我们被某些人吸引是因为他们让我们激动着迷，我们被某些企业吸引因为它们让我们思考：它们下一步要做什么？苹果公司的角色让人着迷，美国西南航空公司、哈雷戴维森和迪士尼也是如此。而你上一次看到人们在微软商店排队，或是听到朋友说她起晚了是因为在网上搜索最新 Windows 手机谍照是什么时候？这正是我想说的。

在第一步的练习中，你写了一段描述你的企业的原创故事。现在我想让你创造一个超级英雄，讲述一个会让客户和员工感到兴奋着迷的企业故事。通常来说，大多数企业会以一种平淡无奇的方式叙述。你的原创故事需要包括一个与众不同的人物角色——这是你企业的传奇神话故事。布鲁斯·韦恩一生致力于复仇，是因为他在那个命中注定的夜晚目睹了他的父母在离开剧院时被谋杀的过程。那么你为客户提供令人惊叹的医疗服务、提供轮胎运转检查、送上美味的热狗或者提供咨询服务又有什么理由？是什么使你的企业与众不同？

试试下面这个练习。问问你自己下列有关你企业的问题：

- 你的超能力是什么？
- 你的企业相比于其他企业的优势是什么？
- 你的企业克服了哪些困难才能走到今天？
- 在前行的道路上你有过哪些失败？
- 你有什么冒险故事？
- 你喜欢什么，不喜欢什么，或者讨厌什么？

现在尝试写下一段有关你企业的真正精彩的故事。不要写“关于我们”这种典型的文案，试着让它变得有趣一点。如果你想看一个引人入胜、与众不同的例子，那就看看咨询公司马西奥斯·基尼&奥康奈尔事务所的网站。会计——扩展一下，会计师——是无聊的，不是吗？如果你认同这种传统定型，那么请再三思考一下。这些人并不无聊，而且他们已经为了让你知道这一点而做了巨大的努力。他们为典型的会计师塑造了一个真正让人着迷的角色。看一看无聊的所有益处——然后思考你能够如何使你的企业形象变得有趣。

第三步：为人物角色的行动设立目的。

塑造你企业角色的下一步是理解你企业的经营目的，定义企业的存在理由。当你与客户沟通时，你必须要有战略意图——如果你没有和客户沟通的正当理由，那就不要沟通；如果你的信息过于冗长而没有目的，那就放弃它。

无论你做什么、说什么，这都要和你是谁及你想如何为人所知相一致——最重要的是，这一定要有一个目的。我在第一章提到过大多数企业没有事先决定它们所说的是否有意义就花时间试图赌博和操纵（比如确定发电子邮件的时间）。你每次与客户沟通时都要确保你的信息通过“气味测试”：闻闻它！这个信息是不是与你是谁及你想要客户如何看待你相匹配——或它是不是“闻起来”像隐晦的操纵营销？赋予企业角色就是增添情景。

花几分钟回答有关你企业的下列问题：

· 你是谁以及你想因什么而为人所知？

· 你想与客户沟通什么关键信息？

· 你与众不同的目的是什么？例如，是生产能够改变世界的产品吗？

· 你的对手是谁？（它们可能是竞争者或其他问题，比如糟糕的设计。）

· 你遵守什么原则？

· 你想留下怎样的传统？

向你自己发起挑战，真正地思考你企业的经营理由。现在写下一段，总结这个正当理由。

第四步：创造企业角色的化身

既然你已经塑造了一个引人入胜的背景故事和人物、阐明了目的，那么是时候创造一个你企业角色的真正化身了。具体来说，我想让你描述这个已经或正在经历这个美妙故事的人。下面是几个热身问题：

· 你企业的化身是男性还是女性？
· 他（她）多大了？
· 他（她）在哪出生？
· 他（她）接受怎样的教育？
· 你如何描述企业化身的个性？
· 你用什么话语描述他（她）的语气？
· 你企业的化身在周末或闲暇时做什么？
· 你企业化身的朋友或家庭成员如何描述他（她）？

我相信你明白了我的意思。你可以继续问你他（她）的性格类型，直到你在脑海中对这个化身有个清晰的形象。然后尝试用最多 100 个词描述你的企业化身。

第五步：把你的愿景转化成客户的声音

设想你企业的角色和你的理想客户今天第一次见面。你能写下他们之间可能发生的对话吗？彼得·德鲁克写道：“营销的目的是更好地了解和理解顾客，使产品和服务能适合他们，然后实现自动卖出。”下面这个练习是关于获得洞见和理解程度的。问你自己下列问题：

- 他们如何自我介绍？
- 他们如何互相描述彼此？
- 他们会谈什么？
- 他们的对话会是怎样的？

这个练习可能看起来很容易，于是你就跳过不答，但是我看到当人们在这一步上花时间时，总会有一些惊人的结果。那么为什么不试一试呢？为你企业的角色和你的理想客户虚构一个对话。如果他们彼此间无话可说，还不时出现令人尴尬的寂静，那么恐怕你要做的还有很多。但是不必担心。我在第六章将仔细讨论你为何需要阐明你理想客户的性格（以及如何有策略地进行这一过程），所以现在，试着捕捉两个声音和他们对话的大意。

⋆ 第四章　第二个“C”，社群（Community）原则

用一颗种子创造一片森林

2000 年格雷格·格拉斯曼决心改变系统化健身——特别是人们增加力量，提高耐力、体能和竞技能力的健身方式。他制定了包括多种特殊锻炼的训练策略，包括俯卧撑、举重、划艇、翻转轮胎、铲雪和拉雪橇。混合健身运动已经成为一个巨大的品牌——使系统化健身和训练发生了翻天覆地的变化。如今，全球有 8500 多家混合健身馆。混合健身建立了一个拥有数十万成员（也许是上百万）的社群，其成员几乎覆盖了地球上的每一个角落。

一家企业如何能这般迅速地发展壮大？答案很简单：从早期开始，混合健身运动就应用社群原则，并不断改进发展，使之在线上和线下都拥有强大的社群的交流。单凭一个网站和一个可视为虚拟社群的小部分起家，混合健身运动社区现在举办包括邂逅、集会和“全球最健康男人 / 女人”的比赛；混合健身运动品牌拥有一个内容精良的优质营利性杂志、一个活跃的讨论区和世界范围内独立拥有和运营的 8500 多家健身馆。

混合健身运动展现出了自己强大的生命力——即使是格拉斯曼

想要其减速发展也不行。在这个案例中，是社群使品牌发展，而品牌没有促进社群发展。大多数企业没这么幸运地在这么大程度上使其社群发展其品牌，但是即使是一个小企业也能创立一个充满活力的社群。

为何你应建立社群?

成功建立客户社群的企业从中受益匪浅。然而，我认为更重要的是企业不再有选择——特别是当我们想要追求卓越并获得指数增长时。当我们的客户联系日益紧密时，他们开始自然地创建社群。此外，如果你不建立一个强有力的社群的话，我能保证，你的竞争对手会替你这样做。

创建一个赢得客户的社群需要时间和金钱，这是毋庸置疑的。但是还记得我在第一章里告诉你的吗？这些钱本应该更好地投资到其他方面，却在争取新客户这样的错误行为上被浪费了。只有将这些钱（至少是相当一部分钱）花在加深与现有客户的关系上才有意义。这就是社群的意义——建立和加强这些关系。

我必须提前告诉你：要成功做到这一点，需要整个公司做出承诺。当情况变得艰难时，你不能放弃。如果你做得对，你的社群将成为牢不可破的客户忠诚度的关键以及确定无疑的竞争优势。

我与客户相处时，认识到建立客户社群的五个显著益处。它们是:

1．客户价值显著提高。很简单，客户忠诚度提高、你的品牌认知增加、与你客户的联系加强，这些都会带来更多的收入和更可观的利润。

2. 更多有效的推介。许多企业试图通过营销活动建立口碑。我的经验表明具有牢固客户社群的企业拥有更真实和有机的口碑。简而言之，你的客户会替你开始做你过去做的事。

3. 更好地理解客户的声音。如果你的客户社群繁荣发展，你的组织结构有开放持续的对话，那么你将真正理解客户对你企业的体验、想法和感受。这种领悟能让企业各级行政管理人员根据客户反馈做出有效决定。

4. 客户服务和支持增加。有一个有趣的现象：随着与品牌和社群的联系加强，客户支持和服务需要可能会下降。客户常常会主动承担问题解决者或服务提供者的角色。此外，他们更可能把一次不好的体验当作异常情况，更愿意原谅忘记，更不可能传播消极信息。

5. 客户至上文化加强。当你开始建立客户社群时，你将发现你的员工清楚你企业的角色，能够协助建立一种客户至上的文化。企业员工将通力合作解决有关客户的问题并建立更好更丰富的客户体验，所有部门都将开始共同协作。一个强有力的客户社群要确保企业内的每一个人都知道客户的意图和动机。更重要的是，你的客户知道他们的声音得到了倾听，他们的意见也受到了重视。

正如你所见，建立客户社群能产生一些强有力的结果。我希望我已经说服你不会再问“我们应该建立一个客户社群吗？”这样的问题，而是“我们在何时、何地、如何建立？”如果是这样的话，继续读下去！但是在开始建立你的社群前，你需要知道社群是什么——以及，更重要的，社群不是什么。

部落和社群的区别

营销专家喜欢讨论“部落”。畅销书作家和思想领袖赛斯·高汀在其同名书《部落：一呼百应的力量》中首次使用这一术语作为商业类比。他在书中提出，在一个联系日益紧密的世界中，成功来自于寻找并培养你的部落——你的追随者军团。高汀认为企业和个人的未来取决于由他们建立和联系部落的能力。我十分敬重高汀，我在过去十年中从他身上获益良多。几年前我和他共进晚餐时，他问及我自己的部落。从那晚开始，我就开始思考他说的“部落”是不是意味着“社群”。

艾伦·韦斯——他可是世界上收入最高的咨询师之一，他是五十多本书的作者（也是本书的序言作者），他是和高汀一样的思想领袖——他证实了我的想法。他对我说，高汀可能用这个错误的术语使自己陷入困境了。韦斯认为部落是同质的，而社群是异质的。他就写了一个非常有趣的帖子来阐述他的观点：

部落是排他性的。他们意识到自己成员的相似性和共同背景，他们往往会捉住俘虏或奴隶，总是将他人视为敌人或是下级。有一个关于星巴克和唐恩都乐忠实客户的著名实验。实验表明，这两组客户中没有一个人同意换一个品牌或环境——他们是真正的部落，互相贬损同时充满优越感。（“我觉得我闯入了某人在星巴克的豪华客厅。”“你有没有发现在唐恩都乐不能往拿铁里加豆奶？”）

社群是包容性的。他们以共同的态度、兴趣和目标为特点。在社群中，宗教、信仰、亲属关系和意见可以截然不同。事实上，正是这些不同带来了活力和动力，使试验和发展持续进行。他们并不长期敌视其他社群，随着时间的推移，其中一些人的观点和效忠对象会有所改变，这样就出现了值得学习的事情。

高汀和韦斯都提出了有趣的观点，我认为他们都是对的。你可以建立一个部落，你也可以建立一个社群。但是，你需要谨慎行动，因为这两者不同，每一个都需要截然不同的策略和战略考虑。人们通常不能理解这一点。事实上，大多数对其建立部落的努力侃侃而谈的营销者实际上是在建立社群，反之亦然。感到困惑了吗？不要困惑。随着我们审视一个受欢迎的知名部落，你就会开始理解。

向阿贝克隆比 & 费奇——一个典范部落学习

如果你曾走进阿贝克隆比 & 费奇（ABERCROMBIE & FITCH）商店，你很快就知道自己是否适合这个部落：真人像服装模特一样站在橱窗里，每个员工看起来都差不多（男人肌肉健美，下巴棱角分明，女孩们看起来就像从《十七岁杂志》里走出来的），音乐在商店里起伏跳动。和麦当劳一样，底特律的阿贝克隆比 & 费奇店和旧金山的店看起来没什么不同。这些刻意的设计为了使一定的人群感到舒服和有活力，并且让其他人感到被排除在外。

阿贝克隆比以这种方式努力建立其部落。而且这样做奏效了。我每次走进这些商店中的任意一个，都会看见年轻的男孩女孩给父母的信用卡上堆积债务。大多数在阿伯克隆比消费的孩子和那些帮助他们找合适尺码短裤的员工看起来很像。

对我来说，走进阿贝克隆比商店并不舒服。他们会把我当成局外人赚我的钱吗？当然。阿贝克隆比更喜欢和像我一样的人建立交易关系。但是我永远不会与这样的部落交流并建立关系，因为我与阿贝克隆比试图建立关系的企业角色并不相符。

想要建立一个部落的营销者要运用角色原则的一些规则。他们要知道企业和每一个客户产生共鸣，比起确保企业和他们试图联系的客户产生共鸣并没有那么重要。他们清楚地知道谁适合他们的群体、他们正在向谁营销以及谁最有潜力成为其品牌的忠诚客户。这些营销者精心朝着理想客户的方向量身定制客户体验。没有什么误解，阿贝克隆比完全知道自己的意图。这是处于最佳状态的部落思维，而且很难对阿贝克隆比的成功提出异议。

部落领袖的失误

回到几年前。历史悠久的阿贝克隆比 & 费奇公司在即将成立 100 周年时发现其正处于破产边缘。有限品牌公司（LBrands）将其买下并决定使服装成为其主打产品。新的管理层聘请年轻有活力的麦克·杰佛瑞斯，并令其负责重振品牌。杰佛瑞斯清楚地知道他想打造的公司类型：他痴迷于为客户创造一种“性感的和情感的体验”。一篇文章写道，“当他在 1992 年掌管这个带有驼鹿图案的企业时，其 36 家商店每年销量约为 5000 万美元。2012 年，该公司发展壮大到 1000 多家商店，年销量超过 45 亿美元。”

公司的崛起令人震惊。然而，杰佛瑞斯有一点过度痴迷了。2013 年，他几年前说的令人震惊的话被媒体披露，他成了新闻头条：

2006 年，杰佛瑞斯评论说阿贝克隆比只针对“又酷又好看的人”营销。尽管这样的评论似乎奇怪、伤人，也不体面——不管从哪方面看——他实际上是说阿贝克隆比是排他性的。这从定义上看正是部落的本质。

从表面上看，杰佛瑞斯的评论可能就是诚实的——他明确了他想吸引并与其建立长期关系的客户。但是，他严重的错误是当你只是致力于建立一个部落时，如果你不能从有利于他人的角度定义意图，那么你也不能过于明显地表明你的意图。排他可以。有时，越排他越好，但是直接说：“我们不想让那些人在这购物，因为他们的体重并不理想、不够受欢迎、在班里不是最好看的那个”——这种评论对品牌的发展弊大于利。

在杰佛瑞斯的评论被揭露之前，阿贝克隆比的成功令人印象深刻。然而在 2014 年初，其销量下滑。公司宣布其在一个竞争激烈的环境中可能必须降价吸引并赢回青少年客户。部落领袖的失误使其自食其果了吗？时间将证明一切。好在，有更好的方法。

混合健身社群

那么让我们回到格雷格·格拉斯曼的故事。当他建立混合健身公司和 CrossFit.com 网站时，他深信传统的组织健身已经衰落——而且他决心改变一些事情。应对这一问题，格拉斯曼创造了混合健身模式，这是他基于“不断变化、高强度、功能性动作”提出的。2006 年，我的柔道教练第一次向我介绍混合健身。在我第一次练习 6 轮 200 米冲刺跑和 21 次壶铃甩摆后，我吐了一路。

我的呕吐在混合健身世界是一种初始常态。事实上，混合健身的吉祥物名为“Pukie”。Pukie 是一个刚刚完成混合健身运动后蜷缩在地、呕吐不止的卡通小丑。另一个被描述为“rhabdo 叔叔”的漫画展示了一个患有横纹肌溶解症（rhabdomyolysis，横纹肌溶解症——当肌肉过于劳累时纤维受损，向血液中释放肌红蛋白——这是这些年来与混合健身有关的健康担忧，在极端案例中，这能导致肾功能衰竭。）叫做“rhabdo”的小丑。Rhado 叔叔严重擦伤、精疲力竭，他挂在透析机上，肾和肠子挂在外面。

从表面上看，你可能认为这些并不是一个企业的最好角色描述。但是有趣的是：混合建身的忠实粉丝和“客户”认为，这些讽刺漫画旨在提醒他们执行混合健身训练计划时放慢速度，不要伤害自己。混合健身社群欣然接受这两个小丑——简而言之，他们认可这些角色。

混合健身如何建立其社群

混合健身模式十分简单。每天，世界各地的人访问 CrossFit.com，格拉斯曼和他的团队发布当天训练，即 WOD。任何人都可以每天登录完成训练并分享结果。你加入社群无须缴纳会员费——许多混合健身迷依然在他们家的车库里完成日常训练，并且享受加入这个社群的所有福利。其他人喜欢付费去混合健身独立经营的健身馆。随着混合健身的社群发展壮大，品牌的规模也呈指数增长。

在混合健身成立初期，每天的训练发布在网站（指“主站”——你一会儿就知道为什么这很重要）上。个人独自完成训练并向网站报告，分享其个人任务的时间或分数。几个月后，成员们开始以彼此作为衡量标准。然后他们讨论动作、形式和技巧。后来——虽然成员们继续保持着竞争，并且大多对自己通过参与取得的巨大进步十分激动——他们开始产生出一种自然本能，他们互相鼓励、督促并努力为他人争取更多益处。社群就这样形成了。

随着混合健身品牌发展，模式变形了，但是它继续更多地依靠人，更少地依靠设备。例如，有组织的混合健身活动通常在当地公园、停车场或者小径。这并不重要。你能想象每个月付健身费并去一个只有几个拉杆、几个哑铃和大量的开放空间的空仓库吗？这就是混合健身的魅力。那里没有镜子，没有内置频道遥控器的大量椭圆机，没有电视，没有训练后的“健康奶昔”。

当会员参加混合健身时，他们在那做两件事：完成 WOD 并加入社群。他们在那不仅会增强自己的肌肉力量，而且会加强社群的集体力量。混合健身会员向健身馆交付高额的费用，但是他们也为拥有那片空间感到自豪。他们在训练后大扫除，保持场地整齐又干净。当一个会员是最后完成 WOD 的时候，他（她）不需要烦恼。过一会儿，十几个人将会为其他的混合健身会员喝彩。我看见这样的情况发生很多次了。

格拉斯曼在 2000 年创办混合健身，当时只有一个简单的网站和一个开在加利福尼亚圣克鲁斯的健身馆，而且设备有限（顺便说一下，网站和流程并未发生极大改变：你先访问网站，再进行训练，发布时间）。2006 年，美国有 18 家混合健身馆。目前，全世界有 8500 多家混合健身馆。在短短 8 年时间里实现了 47122% 的增长。这个社群从一个单一的种子成长为一片令人赞叹的茂密森林。

打造部落术语

在建立社群过程中，混合健身应用了部落思维的某些方面。例如，部落通常使用特定的语言，这同时产生一种联系和排外感。只有在“俱乐部”里的会员才真正理解这个语言意味着什么以及如何使用。混合健身在这方面做得非常好。混合健身的语言例子包括：

· WOD：当天训练（Workout of the Day）。“你完成了WOD吗？”“今天的WOD是……”

· AMRAP：尽可能多的回合/重复（As Many Rounds/Reps As Possible）。“在20分钟内AMRAP完成5个上拉、10个俯卧撑和16个深蹲。”

· 弗兰，安琪，芭比，辛迪，格蕾丝（Fran, Angie, Barbie, Cindy, Grace）：基准女孩。这些以女性名字命名的训练是混合健身中最难的一些。例如，辛迪需要你在20分钟内AMRAP地完成5个上拉，10个俯卧撑和15个深蹲。

· 盒子：一种混合健身的设施。会员们会说：“我的盒子约有30个会员。你应该来看看。”

· 主站：Crossfit.com。8500家下属健身馆中有很多也发布日常训练。当一个混合健身会员问另一个有没有完成日常训练时，另一个人通常会问是按照“主站WOD”还是其他来源练习的。

谨记这一点是至关重要的：一个社群内共享的语言通常不是由企业建立的，而是与品牌互动的客户建立的。这就是说，如果你的客户创建了这种语言，那么是否去了解发生什么事情并开始在传播中使用这种语言，都取决于你自己。你的客户有没有在与你的企业互动过程中使用特定语言和术语？如果没有的话，你能围绕你的产品和服务建立新词、缩略语或短语吗？

拥抱部落策略

和苹果公司类似，混合健身保持着严格的“我们 vs. 他们”这一思维，它建立的是一个部落氛围而非社群氛围。混合健身和标准化有组织的传统健身业保持着旷日持久的战争。其会员称正常的日常健身馆为“全球健身馆”——这是典型的大卖场式的健身馆，人们照镜子练二头肌弯举的时间比锻炼的时间多。品牌社群从排他性中获得力量，保持孤立至关重要。但是要注意真正的力量也来自于对新成员的开放和欢迎。

那些痴迷于混合健身想法的人通常在完成第一次 WOD 后就上瘾了，一个让你的身体接近精疲力竭边缘的训练是有点特别的。我自己多年来一直都是混合健身社群的忠实疯狂会员。作为一家企业，混合健身的力量在于它采用部落策略来部署社群结构：做完 4 分钟的弗兰 WOD 或者推拖拉机轮胎带来的痛苦，在混合健身会员间产生了强烈的同伴情谊。反过来，会员们把它介绍给他们认识的人并且试图说服他人加入社群。

好吧，我猜这听起来像一个邪教，但是混合健身已经做到了大部分企业都希望做到的事。混合健身已经创建了一个忠实的社群，这个社群让企业得以留住的更多客户、拥有令人惊叹的口碑、获得迅猛的发展和取得巨大的利润。我们很难说这不是每一个企业值得努力的目标。但是问题是，是否有一个系统公式，让企业可以以此建立相似的品牌社群。

答案是肯定的，接下来让我们看看如何做到这一点。

建立你的客户社群

客户社群的成功源自强有力的领导力、前瞻性的愿景和战略策略的执行。我将帮助你制定自己的路线图。

第一步：定义你的策略

想象你的企业拥有一个欣欣向荣的客户社群未来，那么它应该是什么样的呢？下面是制定你的社群策略时要问的几个问题：

· 对你的企业来说，长期目标是什么？什么样的客户社群能帮你实现目标？

· 你建立一个客户社群的目的是什么？

· 实现这些目标对你的企业意味着什么？你的企业将如何从客户社群中受益？

· 谁是你的企业中赞同建立社群策略的决策制定者？

· 企业中的每一个人都致力于你的客户社群目标和你想要的未来状态吗？如果不是的话，你如何说服他们参与进来？（一个小意见，向他们推荐这本书！）

· 妨碍你建立一个客户社群的事情或障碍是什么？你如何应对这些挑战？

· 谁的预算将支持建立一个客户社群？

· 谁将初步管理你的社群建设？

建立一个欣欣向荣的客户社群，策略一定要从顶层开始，并向下渗透到你企业的方方面面。这就是为什么确定驱动这一过程的决策制定者至关重要——不管他们是企业的部门经理、高级主管还是其他人。这也是为什么你必须首先明确企业的角色。你的企业策略是重要的，但是你的定位、关键角色特质、使命和价值将进一步驱动你的社群建立。一旦你明确了企业的愿景，你将更容易明确你需要设立什么样的企业结构、为什么设立这个结构以及如何有效管理它们。

一个最著名的成功品牌社群的典范之一是哈雷戴维森。当公司在20世纪80年代初期苦苦挣扎时，其中几个高管出价买下公司。他们决定接受已经存在的社群。他们认识到摩托车俱乐部成员和爱好者对他们的摩托车着迷，他们意识到一种对产品的忠诚文化已经存在，但并不一定是对品牌的忠诚。哈雷戴维森试图将自己建立成一个不仅生产摩托车，而且真正理解摩托手和赛车文化的企业。

这个策略和愿景获得热烈反响。但是和混合健身社群一样，哈雷戴维森社群依靠自己发展。企业要求员工组织客户活动，这种经历使其更了解客户的需求、期许和愿望。直接的客户反馈意见诞生了。哈雷戴维森采用这种关系，向客户表明被爱究竟意味着什么，而且客户做出了回应。哈雷戴维森成为了世界上最大的摩托车企业，年收入数十亿美元。更重要的是，通过真正理解其角色和精准了解最具价值的客户，企业能够建立结构以打造我们目前最具竞争力的客户社群之一。

第二步：选择你的工具

就像追逐圣杯一样，许多企业在建立社群时会追逐一件大事。在当今世界，社交媒体就是下一件大事。许多专家对企业做出承诺，社交媒体将成为其客户社群目标的救星。我认为这种铺天盖地的承诺有严重的问题。诚然，社交媒体至关重要——但是它不是建立你社群时最重要的考量。建立一个客户社群并不意味着简单地跳到网络上、在各大网站（如脸书、推特和品趣志）创建社交媒体资料，或者在网站上添加一个讨论论坛或博客，然后就“大功告成”了。然而这些就是企业领导或营销部门的人，在想要他们的企业因建立客户社群而获益时，做出的条件反射式回应的类型。许多品牌，因跳上社交媒体的列车并使用不断为客户提供新产品和促销的工具，而最终损害自己的利益。

许多社交媒体专家称社交媒体通过为我们提供一种 24 小时无休地与客户接触，了解他们需求、欲望和期待的方法，从而关闭了“反馈回路”。然而，问题是这种逻辑使那些建立在客户反馈上的社群困惑。这两者都至关重要，但是它们是截然不同的。显而易见的是，一个更有效的反馈回路能建立更好的客户体验和更高品质的客户服务，但是这难以代替建立一个客户社群。

在线社群建设应该、也最可能是你全部社群建设努力中的一小部分。（记住：混合健身社群主要是线下社群，哈雷戴维森的社群早在推特、脸书、品趣志成立之前就建立起来了。）问自己最重要的问题是："这个产品 / 服务 / 工具有助于我们实现整体社群的目标吗？"如果答案是肯定的，竭尽全力去做。而且还要问自己还能做些什么来加强这些努力。

问题的关键很简单：不要误以为社交媒体或互联网才会是你建立强有力客户社群的耀眼明灯。理解你企业的类型和结构将使得你的品牌在客户中产生更强的社群感，这些可能都在线下发生。不要错误地忽视不起眼的当地报纸，也不要错误地忽视直邮或印刷简讯的力量。诚然，网络为我们提供工具，但是这并不是全部和最终的解决方案。

第三步：培养你的社群（不仅仅是你的品牌）

在第三章中，我介绍了角色原则并称它和定位概念类似，品牌专家在我出生之前就一直讨论这个概念了。定位概念很简单：企业需要找到一种方法，使其品牌从竞争中脱颖而出，并不断以与客户联系和共鸣的方式向客户展现这种差距。

通常来讲，社群的培养方式是通过共同的兴趣、价值和信仰将人们组织在一起，这很不错。例如，有数以百万计的网上讨论论坛。

你能够找到一群人因为你可以想到的任何特定爱好、价值或信仰而联系在一起。传统的品牌“社群”是基于这样的假设建立的：客户简单地与一个品牌建立联系就足够了——这个联系本身能作为社群的驱动力。

我认为这个逻辑在本质上是错误的。如果你是一家芥末企业，我对芥末的喜爱不足以使我长时间参与到你的社群来建立我的忠诚度，不管你做出怎样建立社群的努力都是如此。我认为有更有力的方法能联系客户，培养更强有力的客户社群。例如，当我和其他芥末爱好者联系时，我们能够讨论我们品尝过的芥末，或者我们上次是怎么用芥末的，或者我们明天要用芥末做什么，然后客户社群就开始形成了。它因人为联系而得以发展。秘密就在于使用并建立正确的工具和体系使这些共同的兴趣、价值和信仰从一个社群成员传到另一个成员。

第四步：开放性成长

还记得我说最好的社群是孤立的，而且展现出“我们 vs. 他们”的思维的同时也开放欢迎新成员吗？社群不应总是企业主导的结构，在这种结构中，客户之间的对话将受到支配和控制。社群意味着有机发展，并且每一部分（从讨论到参与程度）都应该得到有机发展。社群应该充满活力，应该由你的客户——不是你，来塑造。

这儿有一个例子：今年年初我买了一辆新的奥迪 Q5SUV，我发现有几个问题用户手册里没有答案。我在谷歌上快速搜索到 AudiWorld.com，这是由奥迪爱好者创建并经营的社群。目前为止，该网站有277890位成员，2300万个人发帖和270多万个讨论话题。即使奥迪想，它可能也无法建立像这样的社群。不管怎样，这都是具有挑战性的。但是没关系。一个不是你自己企业建立的论坛，相比你自己企业建立的论坛，具有更有力的真实性。如果你的企业找到客户在哪里创建自己的论坛来积极地讨论你的产品和服务，那么恭喜你！你已经发现线上社群建立的圣杯了。

一些企业实体竟然会使用法律手段尝试阻止这些“非官方”讨论，这是控制的问题。但是比拥有绝对控制权更重要的是，当客户对你的品牌忠诚度发展到以宣传其为己任并鼓励、参与、讨论时——不管这些和你有关系或没关系——要有勇气让他们来经营。有时，你必须让企业在开放中进步。

像牧马人、戴尔和迪士尼这样的企业也发生同样的现象。开放性成长可能让人害怕和畏惧，但是它代表企业发展最有力的方面之一。别下命令，同时参与进来。你的社群将由充满真实情感的人建立，这无疑意味着会出现不同意见，甚至有人会大发脾气。这些都是可以预见的，你的目标应该是让一切更民主——并相信过程。

* 第五章　第三个“C”，内容（Content）原则

多样性的美好

当大多数孩子在看《摩登原始人》或《杰特森一家》时，史蒂夫·埃尔斯却在看茱莉亚·柴尔德的《法国大厨》。多年以后，当他大学毕业时，他不知道余生想做什么，但是柴尔德难忘的声音一直在他的脑海里回荡，埃尔斯确信他为食物着迷。他决定追寻这份热情并进入美国烹饪学院学习。毕业后，他搬到旧金山在有名的明星餐厅工作。

一天，当他在参观旧金山教会区的一个小型墨西哥快餐店时，埃尔斯吃了一个墨西哥卷饼，产生了一个想法：能不能把一个像墨西哥卷饼一样简单的速食品转化成更独特的东西呢？

埃尔斯决心采取行动。他找到一个小的场地，并在父亲的帮助下获得了高达 85000 美元的贷款和股东投资。他推出了自己的首家休闲餐厅。和其他的快餐连锁店不同，埃尔斯的餐厅以超新鲜食材为特点，提供来自自然饲养的动物肉（不使用激素或抗生素）和一种独特客户体验——让顾客定制自己个人的墨西哥卷饼——从新鲜的墨西哥薄馅饼到各种各样的原料，最后是不同口味的酱汁。听起

来熟悉吗？这就是墨西哥风味（Chipotle）的诞生。

墨西哥风味不仅出售墨西哥卷饼，它还提供一种了不起的客户体验——一种多年来精心打造和培养的客户体验。墨西哥风味网站的网页这样描述其企业愿景：“想做出美味佳肴需要的不仅仅是味道可口的食物，还需要有利的地理位置，和有趣的人进餐。不幸的是我们不能把你的朋友变得更有趣。我们能做的是精心设计我们的每一家餐厅来创造一种你在传统快餐店得不到的独特进餐体验。”

埃尔斯做到了。他理解墨西哥风味的成功不仅仅源自于它提供的食物（内容）。他早就知道他的餐厅需要建立的企业角色和社群角色。墨西哥风味取得了不折不扣的巨大成功。从一家商店、一个愿景和父亲的一笔贷款开始，它发展成为了拥有 1595 家商店和 32.1 亿美元收益的企业。墨西哥风味就是常青企业！

这就是内容原则。

“内容”究竟是什么？

大多数营销者通常用内容一词来描述企业生产的材料，从而讨论其产品和服务。想想博客帖子、推文、文章和书籍。这是大多数人熟悉的“内容”。然而，我认为在当今世界应该以内容一词更广义地来描述你出售的商品、你提供的服务或你创造的信息。换言之，内容是你的企业为客户所做的或提供的东西。但是内容远非仅仅如此，它也指在数字时代所有的价值交流。从这个意义上讲，内容与其说是去要你做什么的实际物理表现，不如说与你提供的体验更密切相关。感到困惑吗？你需要花些时间来完全理解这一概念，所以继续读下去吧。

许多企业认为它们“做了什么”是成功中最重要的组成部分。它们在核心产品和服务方面赶超对手，却几乎不重视最重要的事——客户体验和他们在与企业互动时的感觉。内容原则是以彰显企业“角色”和“社群”的方式来提供你的产品和服务，是寻找最佳方式服务你现有的客户群，而不是试图不断地想出下一个产品或服务来吸引新客户。

数十年来，企业通过低产品价格、高产品质量和周到的客户服务取得竞争优势。但是最近，模式发生了改变。现在最好和最赚钱的企业通过提供引人注目、引发共鸣的客户体验取得竞争优势。以戴尔公司为例。戴尔公司认识到它的内容要好，但是在当今社会，只有好的内容远远不够。这就是戴尔公司邀请客户“自己动手创造”的原因。每个人都可以具体要求其电脑的不同组成部分，量身定制来满足具体需要。戴尔公司意识到这种创造体验提供了一种更高层次的对内容的依赖，这远远优于客户实际收到电脑时的体验。最终，电脑本身的价值不仅仅是一个简单的商品——而是在交易的过程中建立的一种对产品的情感依赖。现在内容原则开始变得有道理了吧？

首先，你可能发现自己不愿意用内容一词来描述你企业的产品和服务——特别是描述一种掺杂情感的客户体验。但是互联网已经改变了世界。这是不可否认的。而且我们将继续见证它改变世界——以我们从未想象过的方式。手机的兴起极大地提高了我们的相互关联性。它也改变了我们的姿态：我们成了盯着手机、弯腰驼背、四处游荡的人。当我们使用手机（或电脑）时，我们不断地接触内容，大部分内容与我们购买的产品和服务相关。但是内容就只是画册和宣传品——通常指“内容营销”——仅仅是用来出售我们产品和服务的信息的东西吗？还是内容转变成了比我们现在看到的更广更深刻的东西？我倾向于后者。

为何内容如此重要？

你企业的内容（你做的工作和提供的价值）对你来说可能足够维持生存，但是你的产品、服务或信息本身不会让你的企业蓬勃发展。鼓励客户成为热衷消费的购物者当然远远不够。随着世界范围内发生大规模数字化和移动化转移，你的内容和企业所做的其他事相比已经变得没那么重要了。虽然客户依然想要既能满足他们需要，又超出他们预期的高质量产品或服务。但是，与此同时，他们也在默默要求更多。他们暗中期望品牌创造出满足他们更深情感和心理需要的产品和服务。

从前，企业并未被迫满足这些新需求，但是现在，我们别无选择。即使是最小的企业也需要做得更多。例如你当地的洗衣店：你把衣服放在那里，洗衣店提供服务。然后你拿着衣服回家。总之，洗衣服务提供其服务内容，你付报酬来交换。但即使是像这样少有客户交流的小企业也是能够做到不仅仅提供简单产品和服务的。当一个企业能够做更多的事情，企业的客户保留率就会提高，利润就会增加，口碑推荐也会更多——企业就开始体验到成为“常青企业”带来的诸多利益。

在情境中理解你的内容

看一下图 5-1 所示的金字塔。它展示出 3 C 概念以及它们如何在一家常青企业里发挥战略作用。

图 5-1　常青三角

现在也许你会说：“正是我们的产品和服务带我们走到今天。它们是企业的基石。它们难道属于最底层吗？”大多数企业都这样反应。这种反应很正常，因为这是我们常见的商业模式，但这可能受到了误导。大多数商业模式建议一切都源于你的产品和服务，你从这里展翅，但是我希望你换一个角度思考。如果你想要在这个联系日益紧密的世界中成长的话，换个角度思考问题是必要的。

如今，大多数成功的企业都知道客户购买的内容，是根据企业提供的整体体验而判断的。像 iPod 和 iPad 这样的产品无疑是独一无二的，但是苹果公司清楚地认识到它并不是第一个推出 MP3 播放器或是平板设备的公司。苹果公司知道，其内容的设计和包装、销售时提供的服务和售后支持，才更加影响客户对品牌的持久印象。内容本身是整体体验的一小部分。苹果公司也全心理解其理想的客户原型，我将在第 6 章详细讨论这一点。

不要误解我——或误读图表。你企业内容的重要性并不次于企业的角色和社群。相反，它应该受到角色和社群的支持。内容是产生回应的那个基本，它是感性的。内容是你的产品或服务为客户提供的益处，或者给他们带来的感觉。内容是价值，没有好的内容，就无法让客户兴奋。没有内容，就无法解决你的客户遇到的具体问题。你的内容改变生活并提供无尽的益处。如果你愿意以一种新的方式展示你的内容，你的内容会变得更有影响力。

摆脱过时的模式

大多数企业并未足够重视客户体验。为什么？因为在很长一段时间里，这并不是他们利益最大化的手段。利益通过产品和服务的出售而实现最大化。企业对股东负有责任，所以必须——销售产品和提供服务。很多企业依然在这种假设下运作，从某种程度上看这样做没错。然而，这是个过时的模式。

如今虽然企业仍对股东负有责任，游戏已经发生了改变。越来越多的企业正采取一种稳健的做法——意识到它们需要使用内容来支持一种越来越吸引人的客户体验。许多企业正迅速意识到它们不再有选择。你的决定如果只取决于无止境地追求利益最大化而忽视客户及其体验，你注定无法获得最大化的成功。想要真正让你的股东印象深刻吗？下面就把方法介绍给你。

评估新客户体验

企业常常对实际的客户体验毫无头绪，更不用说建立一种情感共鸣的体验了。你的内容是客户最初决定和你做生意的主要理由之一，它是你提供价值的实用性。但是，是什么使得你的客户再次上门呢？是什么建立了一种持久共鸣的体验呢？让我们看一个独特的例子。

出租车提供最基本的内容。事实上，自 17 世纪以来，出租车体验本身没有发生多少变化。当时车夫用马拉四轮车，或称作“出租马车”，将行人带到目的地。你不需要学习如何招呼一辆出租车，因为它在过去 300 多年中就是这样的：当你看见一辆出租车（通常是黄色的），就挥手，车会停下，你告诉司机去哪儿，车把你从 A 点送到 B 点。这是简单有效的内容，通常不会发生别的什么变化。但是 2009 年，两个连续创业者加勒特·坎普和特拉维斯·卡兰尼克提出了一个改变行业的想法。

坎普和卡兰尼克建立了优步——这个公司基于一个划时代的想法，而且简单得不能再简单了：在手机上安装一个应用，你预约一辆车，过一会儿一辆黑色的林肯城市或 SUV 就会来载你。这和之前描述的出租车模型很相似，你告诉司机你想去哪，然后司机载你去。“现金”交易发生在幕后。你的信用卡自动付费，而且你不用给司机付小费。这是无缝的，为客户创造出了一种更舒适的体验——一种能够产生共鸣的体验。优步的迅速发展直接源于创造了一种掺杂情感的体验，这种体验是人们愿意谈及的。

让我们从运作的角度从幕后看一下优步。坎普和卡兰尼克意识到在世界各地的城市中，这些小型私人轿车在任何时间都在办公楼、酒店和公寓外闲荡，只是为了等待乘客。他们天才般的点子，就是为想从 A 点到 B 点的人建立联系这些车的方式。他们通过给每位司机的手机安装一个应用，让应用来自动处理每位客户的需要，确认最近的司机，并允许司机接受或拒绝载客。（如果拒绝，这一请求会转到下一个最近的司机。以此类推。）这主意太棒了！

在克莱顿·克里斯滕森的经典著作《创新者的窘境》中，他创造出“颠覆性技术”一词，来描述产品或服务的创新（即企业提供的内容）极大地改变了市场使用这些产品或服务的方式这一现象。优步已经颠覆了出租车行业。现有产业对优步的迅速崛起毫无预料，并且为优步对整个行业带来的巨大威胁毫无准备。由于威胁如此严峻，优步在其进入的几乎每个城市都面对了许多监管反对。虽然，优步坚持前行并取得了令人难以置信的动力，但是我偏离了主题。下面让我们回到关于内容的讨论。

就优步提供的出租车服务而言，是什么产生了真正的改变？除了让客户使用移动应用来“叫车”，企业提供的内容几乎不变。一辆车依然把客户从 A 点送到 B 点，没有会飞的汽车，没有瞬间转移的设备——优步并没有极大地改变内容，优步只是改变了客户体验。现在能在 30 多个国家和 90 多个城市中看到优步，而且这一数字正在快速增加。

主要的经验是：不管你在哪个行业，你都不需要创造颠覆。如果你想要在我们的新（疯狂联系的）世界里拥有竞争优势，你可能不需要改变你的内容，但你确实需要改变体验。你开始发现为什么角色和社群对这个等式如此重要了吗？

高度关注内容——一个常见陷阱

在对完美的不懈追求中，许多企业没能建立常青关系就是因为它们过于关注内容。让我们就在此时此刻面对一个冷酷的事实。如果你在做生意而且到目前为止都很成功，那么你提供的产品和服务很可能早已经达到并超出客户的期望。恭喜你！

现在问问你自己，你知道多少企业没有提供令人满意的内容？如果你的内容没有达到标准，你就不能期望在行业里太久。不管你提供什么，都必须是最好的。如果你已经做到这一点了，那很可能已经非常好了。你不觉得你花时间确保你的客户体验优于竞争者是更有意义的吗？你不觉得专注于阐述企业角色和在客户间建立社群也是更有意义的吗？

了解你所处的行业

西奥多·莱维特在其1960年为《哈佛商业评论》而写的题为“营销近视症”这篇经典文章中指出，许多行业的衰落在本质上是因为受到误导，关注他们所做的核心交付，而非他们为谁而做。他们只关注内容，把其他的都留给客户。莱维特的主要例子是铁路业——几年前的繁荣产业——发现其因汽车的出现而产生的颠覆而处在巨大麻烦中。莱维特认为铁路业的衰落是因为行业主管认为他们处于铁路业——也就是说他们仅仅关注提供的内容。莱维特认为他们忽视了其实际处于交通业的事实。

2004 年，《哈佛商业评论》指出营销近视症是过去五十年中最具影响力的想法。但这并不意味每个人都意识到了——或者也许更恰当地说，不是每个人都读到了这个想法。就像彼得·德鲁克的很多想法都被当今的管理者们忽视（虽然他们的书架上满是他的著作），莱维特的观点也有此遭遇。然而在过去几年中，企业中有一种显著增长的趋势，他们正试图理解客户忠诚度、客户体验和以客户为中心地关注如何改进企业运营。

这就是说，我们要小心。不可将全部的战略愿景全部转移到客户上，让我们的内容孤立无援。（钟摆在相反方向摆动得太远，就可能造成灾难性的后果。）这就是我为什么把内容定位为 3 C 概念中的第三个。它既代表你需要做什么，也代表你应该如何做。

真实经验：比你提供的核心产品或服务更重要的是了解你实际所处的行业。因为你正在读这本书，你很有可能在营销业（如果你涉足多领域的话，至少会兼职做营销）——这就意味着你有机会继续创造一种客户体验来支持你的内容。大多数餐厅，不管老板有没有意识到这一点，其实都属于“体验”行业而非“食品”行业。大多数靴子企业都属于“时尚”行业，而非“鞋类”行业。

此外，有时你需要在定义你所处的行业时敏捷灵活，能够改变方向。随着数字科技的发展带来的颠覆，柯达意识到自己不再处于电影业甚至是照相业，如果公司想生存下去（并发展壮大），它需要将自己定位在捕捉和保留记忆的行业。我希望这对你有意义。不要把你的内容和你真正处于的行业混淆。

将注意力集中在为何做这件事上

这里有一个关于内容的简单真相：在当今世界，为什么做比做什么更重要。西蒙·斯涅克是正确的。我们需要从为什么开始，但是仅仅确认为什么是远远不够的。我们需要更进几步。

很多人对此感到惊讶，这很大程度上是因为从前人们普遍认为“做什么”是最重要的（而“为什么做”看起来是一个遥远而且明显的次要考量）。1908 年亨利·福特引进的 T 型车，主要与做什么有关。T 型车在当时是新的！左手边有一个方向盘，发动机和变速器是封闭的，四个汽缸铸成固体块，悬挂系统使用两个半椭圆弹簧。这种车方便驾驶，而且价格低廉，这是人人都能买得起的车。这就是做什么。（顺便说一下，当福特也关注“为什么做”时，他的帝国腾飞了。福特不属于汽车业，它属于个人独立和自由行业。但是这是另一码事了。）

如今，价值、联系和感受显然已经成为比内容本身更重要的因素。

客户想要的不仅仅是内容。他们想要一种和你的企业产生共鸣、让他们感觉不错的情感体验。他们不仅想要内在需求得到满足，还希望超过他们的预期。他们想要解决方案和一个更好的成果。这是价值的真正意义。价值一词常常受到误解，价值是当客户和你做生意时，他们所感受到的结果或成果。确实如此。但是不仅如此，价值是他们在过程中的感受。这一重大变化已经改变，而且正在持续改变现如今商业的特点。

了解何时内容越多越好——何时不好

让我们谈一谈另一个和内容有关的谬误——给予更多的内容能为客户体验增加价值。此外，你可能认为你给予的越多，你的客户就越高兴，他们就更可能和你继续做生意。让我告诉你，这是一个常见的错误概念。不仅如此，一旦实施这一概念，将造成严重的适得其反的后果。我见过这种情况发生了很多次。有关企业内容的关键细节之一是确定什么时候少即是多，什么时候多才是真正的多——而且知道如何区分这两者。

为何对客户而言少即是多（Less is more）

为什么在保留客户和与客户建立更稳固关系时，过多的内容是有害的呢？我们都听过越大越好，越多越好。我们知道客户需要回报。毕竟，没什么比多一点奉送更好的了，对吧？

许多企业有这样的疑问："我们给客户很多内容，可他们反而不再和我们做生意了？明明他们一定会喜欢我们提供的价值的！"我一直都在听说不同版本的类似说法，特别是从那些提供会员、软件服务和在线工具的在线服务提供商那里听到。

这是一个错误。太多的选择使我们的客户感到被淹没了。邮件太多，他们突然就感到不堪重负。太多，太快，在我们意识到之前，他们已经寻找不再和我们做生意的方法。一直以来我们总是在想：我们的客户绝不可能这么突然地离开。但是我们的客户总是在想：我再也不要用这些东西了；当我有更多时间的时候再回来。或者他们在想：太多的邮件了！让我静一静！

简而言之，我们都失去了一个机会。潜在的客户没有与我们的品牌建立联系，因为我们企图依赖于（过量的）内容动员客户与我们做生意。可我们真正的问题是忙于添加内容以至于忘记考虑"3 C"概念中的另两个。

你的企业大可不必为此烦恼。通过认真实施、运用另外两个原则（角色和社群），你将减少成本，因为你不太可能在内容上超过交付；相反，和你做生意的客户会感到更兴奋，因为你通过给他们"更少"来做到给他们"更多"。没错，我正允许你交付更少的内容。但是，不，这并不意味着地方餐厅可以开始只提供正常食物量的一半；不，理发师不能只剪一半的头发。根本不是这样。这只是意味着——重申我之前说的——内容是你的企业发展和未来成功的必要不充分前提。与这个想法相关的是展示的重要性，这把我们带到……

凌乱衣橱理论

买车是个艰巨的任务，这一点也不简单。如今我们可以从上百种品牌和型号中选择——更不用说无数的颜色、选项和安全功能——它们很多每年都会发生变化。买车可以说是世界上最具挑战性的购物体验之一。所有的杂志都致力于帮助我们选择合适的SUV、完美的豪华轿车或是顶级预算的小型面包车。一方面，我们喜欢能够基于个人的品位和预算来定制自己的车。另一方面，选择的数量惊人，这就是为什么一些客户在选择过程中干脆放弃了。

以我岳父为例，他几年前买了一辆新卡车。他有点特别——他知道自己想要什么，也知道他喜欢什么。当他去经销店说想要买一辆没有音响的卡车时，其他人皱起了眉头："你说你不想要卫星广播？只有一个CD播放器？""不，他是说他只想要一个简单的调幅-调频收音机。"然后他向推销员解释说他想要手动变速器，而且不想要电动窗。

简而言之，我的岳父想要一个1975年"标准"的车，回到我们能无限定制选择之前。我个人认为，如果他在最近穿越北美去看壮观的红杉国家森林，这5000多英里的长途跋涉中，如果他选择带有空调的车的话，我的岳母可能会高兴点儿。但是他拒绝参与定制过程，因为要他选择的东西多到让他头晕。最终，他确实得到了他真正想要的——虽然我认为他实际花了更多钱来除去特定的（非标准的）功能。

我岳父的行为可以用"凌乱的衣橱"理论来解释，这一理论是这样的：太多的内容会给人一种看见一个凌乱衣橱的印象。谁会欣赏它呢？一个凌乱的衣橱让人不可能知道你有什么选择，你想要什么，怎么搭配，在凌乱的衣橱里无法思考。当客户走进了一个凌乱的衣橱，他们通常被这种体验击倒，转身就逃之夭夭了。事实上，一个“凌乱的衣橱”是企业失去现有客户的一个最主要的原因。

简而言之，更多并不总是更好。我们一直被引导去相信，不断增加新内容能积极地影响客户留存率和忠诚度。但这是一个谎言，我们作为企业专家和营销者，需要抵制增加更多内容的诱惑。现在我们的客户在日常生活中被选择淹没。在客户与企业联系过程中，增加更多内容，车主则会放缓购买过程，重则会造成客户流失。

你是将客户放到一个凌乱的衣橱里，还是你的客户体验尽可能地干净、有效、友好？

何时更多内容，事实上，更好

这并不是说选择不重要。事实上，有时微妙的选择是必要的——但是前提是它们能与内容精心联系在一起，并根据目标客户的角色进行特别设计。例如，我有一个开宾利的朋友。这辆车价值25万美元。当我询问他这台车的花费时，他解释说这辆车几乎百分之百是定制的。他和他妻子花了几个月的时间思考内部和外部组成的各种选择。他们辛苦了几天研究内部皮革和线的颜色，然后把它们缝在一起。他们晚上睡觉前翻阅手册，谈论单板。他们是该选择栗色、鸟眼枫木还是钢琴黑？他们喜欢整个六个月的过程。制定决策的过程让他们产生出一种兴奋感，他们急切地预测车的样子。这是一个我们可以学习的绝妙的、有情感共鸣的体验。在客户拥有实际价值前，让客户从体验中就产生巨大的价值。很酷，是吧？

这个无与伦比的实际购买过程特别适合宾利。毕竟，宾利会为理想客户精心定制其选择。宾利知道大多数客户想要哪种体验——而且竭尽全力在购买过程的每一步都加强这一体验。宾利的客户钟爱细节并享受选择过程。如果你企业的内容和宾利的相似，务必让你的客户有众多的选择。但是如果你发现自己正在添加更多的内容以期吸引更多新客户，或保留现有客户，那么你更有可能使这个过程变得令人困惑。换个思路试一下吧！

向谷歌学习

还记得我在几段之前介绍的凌乱衣橱理论吗？这有一个有益的视觉画面，将帮你消化我们讨论过的问题，并更进一步：想象一下你家里每个人的每件衣服都被没有规律、没有理由地随便丢在一个衣橱里。每天早上上班前，你都必须从这个杂乱的衣橱里筛选衣服。试图找出一件特定的衣服将是一种荒唐的家务琐事。想找你最爱的红毛衣？一直翻下去吧。

谷歌公司占据了全世界最大的凌乱衣橱，并只添加了一件事：组织。谷歌认为最重要的是组织和容易可靠地获取所需。你认为为什么谷歌的主页是一个单独的框？因为你会马上就清楚你应该在框里打些什么，然后谷歌告诉你在哪找到这个主题的信息。

搜索引擎优化专家花时间试图追赶谷歌不断变化的搜索算法。这些专家可能会帮助客户通过各种操作、链接和其他策略，在谷歌上达到令人垂涎的第一位置。但是，当 Google 更新其搜索算法时，该客户可能会消失于视线之外（并被遗忘）。谷歌究竟在做什么——为什么？好吧，非常简单，谷歌正让你更容易更快地找到你所需的。

向 Dropbox 学习

在理解这一点的企业中，我最喜欢的其中一个是 Dropbox，这是一个让你轻松分享与储存文件、照片和视频的免费网站。在主页上你只会找到四个链接，就是这样。你可以按四个按钮——不知道 Dropbox 是什么？多学一些。（点击这里）准备加入？注册。（点击这里）下载 Dropbox。（点击这里）已经是会员？登录。（点击这里）

Dropbox 使客户体验变得傻瓜式的简单。（有关“傻瓜式”这个术语有很多要说的，但是我偏离主题，这个下次再讨论。）Dropbox 不是磨磨蹭蹭地试图说服你这是自切片面包以来最新、最伟大的技术工具；相反，它直奔主题。企业基于内容的简单性，注重提供良好的客户体验。Dropbox 能添加各种花里胡哨的功能吗？当然可以，但是那样会冲淡 Dropbox 本身的内容。我选择一个精心设计的网站用户界面来阐述我的观点，但是——不管你的企业是零售机构、餐厅或是任何其他企业，就此而言——基本的建议是一样的。

客户欣赏选择。不要误解我，客户不欣赏的是以体验为代价的选择。他们不欣赏因面对太多选择而变得困难的体验。通常来讲，企业用选择作为支撑——这让我们分心，无暇顾及为客户创造更好、更有趣、更适合的体验。不要问自己如何给客户更多价值，问自己如何整理内容，使客户体验更令人享受。

你也应该问问自己，如何能让客户更容易地从你这里购买东西。例如，你的发票是否容易理解？你的网页体验是否尽可能有效地使客户能完成预期任务？需要你的支持时有简单易懂的流程，还是客户需要经过一系列寻找才能达到目的？你得明白这一点。

常青诊断方式

你的企业是什么类型的？你有什么样的生意？在这个部分，我将与你分享我最喜欢的一种方式，来告诉企业领袖如何理解他们与客户的关系，以及为什么注重内容可能会毁掉他们的企业。

我从客户那里经常听到的抱怨是："诺亚，我们的企业不一样。我们只是一个交易型的企业，没有机会真正和客户互动。"我不想成为坏事儿的人，但是大多数商务交易仅仅是交易——我们给客户内容，他们给我们钱，交易就完成了。一切照旧行事。我们被告知只要提供极好的服务，剩下的将顺其自然。

让我告诉你，"剩下"那部分很少会顺其自然发展。你的内容可能会满足客户的基本需求，交易可能满足大部分需求，但是谁想仅仅在满足的基础上经营企业？在很大程度上，这种现象造成很多机会就此错过，如果你想要增加销量和利润，那么是否采取行动取决于你自己。

我设计了常青诊断方式，如图 5-2 所示，这四个分明的象限代表四种不同的企业（从左上方开始，逆时针方向）：落叶型、无果型、枯萎型和常青型。一个企业在其中一个象限中的位置取决于两个标准——它在何种程度上培养客户关系（或者没有培养客户关系，视情况而定）以及如何成功地（或不成功地）保留现有客户。通读下面的描述，然后问自己哪个描述最能反映你的企业状况。

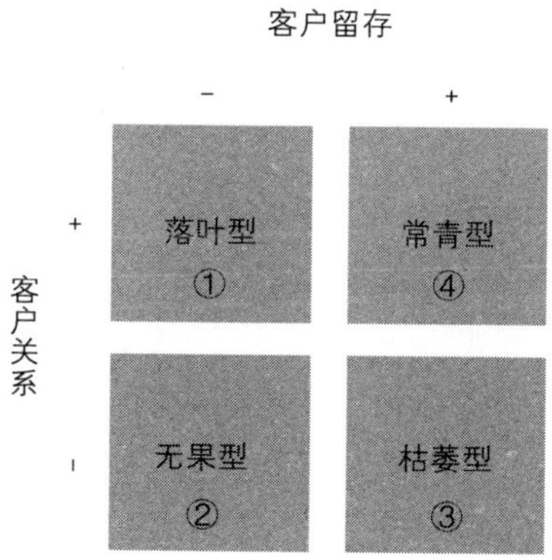

图 5-2　常青诊断方式

象限 1：落叶型

令人惊奇的是，大多数企业在第一象限。（我猜大约 40%。）它们的运营目的是与客户建立良好的关系并提供高水平的服务。然而，因为某种理由（比如我在第一章中讲的关于我自己银行的故事），这个策略不能完全实现，结果，它们无法留住客户。这些企业像落叶树一样，每年失去很多叶子（客户），因此需要“生长出”新叶子。这种类型的企业有起有落，但是冬天总是寒冷的，树上没有叶子。落叶企业不断玩猫捉老鼠的客户获取游戏，它们难以摆脱追逐新客户的诱惑。这就是现状。你的企业是落叶型的吗？

象限 2：无果型

许多企业像不结果的树，无法结出果实（或保留树叶）。事实上，现在大约有 30% 的企业属于这一类型。它们没有客户关系，所以没有关系寿命。这些企业和苏斯博士《你要去的地方》一书中的“等待之地”情况相似，这仅适用于企业。它们陷入了困境。企业能在不结果的象限中生存，前提是在广告和营销方面的高投入使得从新客户产生持续不断的交易。但是这是一个充满挑战的生意场。

象限 3：枯萎型

许多企业像枯萎的树——树叶挂在枝头，但是没有从树中得到足够的养分，因此并不健康。这种企业能够保留客户，但是没有真正的关系——或任何建立关系的尝试。（也许如今 20% 的企业属于这一类型。）典型地讲，保险业过去属于枯萎象限。总的来说，保险公司客户保留率高，但是它们很少让客户感受到公司真心想与其维持关系。（顺便说一下，这种商业模式近年来彻底改变，因为互联网让人们更容易地打包行李去转向一个新的供应商。）枯萎企业的一个缺点是因为没有客户关系，这种企业无法从积极的口碑营销和持续的推介中获得利益。与此同时，枯萎企业的客户通常夸大负面体验，并在事情不顺利时传播贬损的评论。因为这些坏习惯通常是根深蒂固的，这样的企业很难从枯萎走向常青。

象限 4：常青型

与客户关系牢固的企业将体验到更久的客户寿命和更高的客户保留率。这些企业有长久和丰富的生命。它们不仅仅关注与每个客户建立美妙的关系，而且从战略角度注重让客户不断回购。它们也注重增加推介，建立客户社群。它们理解客户的真正价值并致力于让客户参与积极互动。它们建立战术保留和重新激活系统来吸引客户继续再来。这就是常青企业。一直以来有大约 10% 的企业是这样做的。别担心——我能带领你到达希望之地。

超越“交易”

无论你认为自己的企业属于哪种类型，这都不重要。重要的是你努力走出目前的象限，走进常青象限。你可能会问这和你的产品和服务有什么关系。我希望到目前为止，你能认识到，你提供的内容远没有你提供的方式重要——此外，不管你处于什么行业，你的企业都能够从专注客户体验中获益。

为了证明我的观点，让我们看看轮胎——或者，更准确地说，一个轮胎企业如何建立客户忠诚度并最大化客户价值。也许你在想：诺亚，你疯了吗？毕竟，不是每个轮胎企业都是一样的！当然不是！相信我。一些企业已经采用了建立常青客户关系必需的步骤，而且它们正在繁荣发展。它们通过有策略地使企业进入常青象限来实现繁荣发展。它们的内容没有改变，它们只是改变了客户体验。它们从提供一站式交易，或只出售一种商品，转换到创造情感共鸣体验。

你正在想：购买轮胎的情感共鸣体验？你怎么做呢？好吧，这些企业非常明确它们的角色，它们已经建立了社群结构。是的，就是如此。即使是一家轮胎企业，也能有一个有效的每月通讯，或一份活跃的脸书资料，或形成客户社群的结构。

思考一下像贝拉轮胎（Belle Tire）这样的企业，它位于密歇根的艾伦公园。该企业拥有将近 4000 的脸书粉丝，3500 名推特追随者和一个非常活跃的博客，它积极地与客户互动，使客户产生一种远远超出“我需要新轮胎”的体验。贝拉轮胎在线上邀请客户参与广泛讨论——从轮胎到（底特律）老虎队。此外，公司的博客涉及各种各样但高度相关的话题，例如汽车保养、驾驶安全、如何节约假期来旅行。它甚至以公开、坦诚和真实的态度处理不太好的客户体验。贝拉轮胎也积极参与当地社群、支持学校、赞助青年曲棍球俱乐部，并积极为其他非营利组织捐款。如果一家轮胎企业能把这些都做得如此之好的话，那么你的企业没有理由不能做到。

请不要误会。我在这本书中分享的概念并不是针对一种特定类型的企业，它们能适用于很多行业的企业。企业正在学习到它们既能最大化客户价值，又能同时与客户建立显著、忠实的关系。

每一次你与客户进行交易的时候，你的企业都有一次与客户实现“不仅仅是交易”的机会。你的目标不应该是仅仅出售内容来交换钱，而是把每次与客户的交易看作一次机会——能够建立拥有大量长期价值的长期关系的机会。谨记，你企业的角色和社群是真正支撑你的内容的方面。

思考一下你想要客户如何与你的品牌互动并记住你的品牌。建立有情感共鸣的客户体验不应该是件难事。事实上，这非常容易，并且十分有趣，然而大多数企业都认为客户是为内容而来。事实上，客户并非为内容而来。他们为结果而来，这才是价值真正开始的地方。客户为角色和社群，也就是客户体验而留下。

那么你究竟怎么着手建立一种动态的客户体验呢？还记得那句老生常谈吗：“我们提供周到的服务！”“周到服务”的问题是每个人都想创造一种周到服务，但是大多数的服务非常无趣。它们无趣是因为它们是普通的。3 C 概念的力量关键是有效阐明有关你企业的特定内容，以便与客户建立一种更为动态和吸引人的体验。为有效实现这一点，你企业的“周到服务”需要与你的客户在深入情感层面产生共鸣。简单地说，你需要在人人知道你名字的地方创造一种欢呼氛围。在当今世界，每个人都知道彼此的名字，你应该不仅仅做出口头承诺。

为实现这一目标，本书后半部分会更具策略性，涉及有关如何使 3 C 概念（和更多想法）应用到你的企业内容。我将提供无数确保利润大幅增长的策略。准备好施肥，准备好促进巨大增长。

第二部分

促进常青企业的生长

* 第六章　你必须比竞争对手更了解客户

把手放在土壤里

企业正在挣扎。正如我们讨论的，旧的销售和营销方法依靠操纵来产生销售，但很明显，这一模式不再奏效。不幸的是，还有很多你可能读过的（或被教过的）东西也不再奏效。例如，任何接触过营销的人都读过 4 P 理论——产品（product）、价格（price）、渠道（place）和促销（promotion）。营销教授菲利普·科特勒在其 1967 年的著作《市场营销原理》中将这些概念视为前沿，而且它们在营销界占主导地位长达 45 年之久。但是游戏发生了改变，而且不幸的是，4P 理论现在过时了。

20 世纪 90 年代早期，北卡罗来纳大学著名教授罗伯特·劳特伯恩提出了对 4 P 理论的再分类（从客户导向的角度），他建议描述为 4 C 原则——客户（customer）、成本（cost）、便利（convenience）和沟通（communication）更好。科特勒最终赞同并接受了这一观点。我非常尊敬这些在广告和营销业有影响力的领袖，但是我深信对营销者和企业领袖来说，还有更容易、更有效的路径。现在真正重要的是你企业的角色、社群和内容——也就是

3 C 概念。

这有点像代号语言——它可能难以理解。但我们总是遇到的问题是，营销依旧被视为关注“吸引新客户”的纯粹策略努力。这些策略当然是重要的，但是尽管很多企业忙于尝试制作完美的 6 秒的视频发布在 Vine 上面，或在推特上推一句妙语，或是在 Instagram 上发一个更好的照片，或在脸书上获得更多的赞——可它们的竞争对手在更重要的方面努力，因此将利润提高了 50% 或更多。

在当今世界，想要使企业繁荣发展，你必须转变思想。从把营销当作运营战术，转换为把营销当成战略性框架，更具方法性地经营。你的营销团队不应在创意上花几个月的时间，思考标牌放在右面还是前面才能完美、合理。通常这花费了大部分企业的大部分时间。这就是为什么我们有这么多糟糕的营销，有这么多对社交媒体以及与客户沟通方式的众多误解。

多年来，世界 500 强企业一直致力于发展品牌，虽然现在它们正同样关注如何发展有效的社交媒体。但如果你的企业比世界 500 强企业的规模小，那么你应该更重视结果。也就是说你的团队应该注重大（战略）格局——正确理解 3 C 概念，以此增加客户价值和收入。你可能没有意识到这一点，但是你的营销部门可能是整个企业最重要的部门。它们是吸引客户的部门，而且现在，但愿你能意识到它们也是客户留存的掌舵者。没有什么将会比强有力的营销更快更好地改变你的企业。

凯夫拉（Kevlar）防弹背心由几十层布料紧紧交织在一起做成，一层压着一层。在这章和后面五章都包含可作为你“凯夫拉面料层”

的可操作概念。而你的任务是把这些层彼此编结在一起，并在企业经营中实现这一点，成功地做到这点将会创造出近乎“防弹”的营销结果。你将能够实施计划和程序来帮助保留客户，增加交易并建立更牢固的常青忠诚。

既然你从理论上理解了 3 C 概念，让我们来谈谈实施这些想法的具体方法——从如何更好地理解你的客户开始。

为何客户终身价值被打破——以及如何补救

我在第一章中解释了许多企业在理解客户终身价值（CLV）时的最大错误是将客户群视为不规则的实体，并使用企业收集到的“平均”数据做其最紧迫、最重要的商业决定。它们把客户作为这种单一实体来进行沟通，仿佛“一条信息适合所有人”。不幸的是，这种想法是错的，这既花费大量金钱又造成很多过度的压力。它也是非常糟糕的营销的核心——近来却频繁发生。

即使我在第一章简单提到这个主题，让我们再深入分析一下这个传统模式——它究竟是什么，以及它为什么不再适用——接着让我们看上几个补救方法。

计算你企业客户的终身价值

尽管传统的客户终身价值计算有缺点和负面内容，但是了解你整个客户群的客户终身价值依然是你对企业的最重要见解之一。因此，你真的应该学习一些“老办法”。算出你企业客户的终身价值很简单。在最基本的层面，你从你的客户群获得全部利润，算出这些客户多久与你做生意（平均），减去广告、营销和所有与服务客户有关的成本——最后，你得到了你的客户的终身价值数目。

网上有成百上千个计算器能让你输入数字来了解你的平均客户终身价值。其中一些工具是基础的，一些更为复杂，我不想在此再发明工具。你可能有一组令人惊叹的营销专家和数据分析师，来迅速确定地告诉你企业客户的终身价值。如果没有的话，我建议你在谷歌上搜索“CLV”并使用其中一个工具。但是谨记，这个方法充满了缺陷。

明确“终身”真正意味着什么

最大、最突出的问题对你来说应该是显而易见的——就是终身的问题。就客户终身价值而言，是谁决定客户“终身”的真正含义的？它不是一个真正的终身（换言之，客户出生到死亡的时间段），是吗？如果不是，那么它是60天、3个月、2年还是10年？问题是我们真的不知道。此外，我们真的要等待终身来确定我们客户终身价值的准确数目吗？如果是的话，那我还是祝你好运吧。

每个企业都需要确定它的具体“终身”——出于各种理由。也就是，拥有一个确定的终身将让你知道客户何时不再是一个真正的客户。（例如，一位三年前从你这里买东西的客户还是一位客户吗？）我将在第10章详细讨论这一主题，因为这让很多企业的人迷惑不解。但是，简单地说，你是否认为对这种客户的营销和沟通的方式应该和你对上周购买你产品的客户的沟通方式一样？当然不是！但是猜猜大多数企业在做什么？嗯……你感到愧疚吗？

不要关注客户终身价值这一单一数字，考虑理解你客户群组成的重要性，然后基于这个信息和许多其他标准决定终身价值。继续读下去！

有关平均一词的不同见解

如果我们不小心的话，像终身这样的词会产生障碍，我们也要真实地看待这一事实——我不关心你在什么行业——根本没有“平均客户”这种说法。你有不同的客户群，这我们一会儿讨论，他们都需要你独一无二的关注。例如，你可能有“祖母客户群”和“青少年客户群”，他们需要截然不同的营销和信息。或者你有一组客户，跨度从高管到流水线工人。你知道为什么一个单一的数据库（和一个单一的客户终身价值数字）会造成如此大的难题和无效营销了吧？企业每天都计算它们客户终身价值数字的表面变化，但是很多企业根本不知道怎么有效使用这一数字来增加利润。

当我在第 3 章介绍角色原则时，我只谈到了这个概念如何与你的企业相关，但是这只是其潜在应用的一半。在这章的后半部分，我将关注你如何阐述客户群的角色。毫无疑问，这是决定你是否能够有效地与现有和未来客户沟通联系的一个因素。理解你的客户群，一个重要点是，你不是只有一个单一（“普通的”）客户资料。

理解你的客户是谁——以及他们在做什么

传统营销通常关注两种不同的客户资料和数据。一个是基于企业客户的人口统计和特点；另一个是基于活动和客户如何消费（或使用或受益于）企业内容。举一个前者的例子，一位经理可能声称：“我们的平均客户是女性，37岁，已婚，有两个孩子，每年收入75000美元。”举一个后者的例子，当我与线上实体合作促进客户留存时，我通常帮助它们观察基于行为和活动的数据。我们关注客户如何行事。他们在购买后做什么？例如，他们多久登录网站或者发布评论？现在他们多久提交支持请求？他们注册之后三周都没登录吗？他们下载了多少文件？他们访问了多少网页？这些是我们在网络环境下关注的问题类型。当然，任何企业都可以创建相似的问题。

当一家企业注重行为分析时，它的营销人员就会关注客户的消费、使用和参与程度，然后将客户分成不同小组。这一过程能透露出无比宝贵的信息，大多数有效的客户资料在留心关注行为的同时也定义特点和人口统计。只有当两种类型的数据结合在一起时，一家企业才能够了解其客户究竟是谁，以及他们如何行事，以此极大地提高企业采用共鸣的方式与客户沟通的可能。

大多数企业有客户数据库。此外，大多数企业参与传统营销（这包括发送电子邮件和参与社交媒体等等）。但是大多数也犯了给每个人发送相同信息的错误——每个人收到相同的邮件，每个人接受相同的促销活动，每个人都得到相同的更新信息。当然，必须有更好的沟通方式，它始于准确了解你的客户是谁。

建立你理想的客户原型

在第三章中，你确定了你的企业角色。现在是时候吸收这一想法的精华，并将你的注意力转移到客户上，这里有两个重要的区别。首先，当你建立你的企业角色时，你建立的是一个角色；当你建立你的理想客户原型时，你建立的是好几个角色，每一个都基于一个明显的客户段或客户群。其次，你的理想客户原型源于实际客户的人口统计和心理统计特点。这一过程价值不可估量，因为它有助于明确企业试图吸引的客户类型和正在沟通的客户类型。

“原型”究竟是什么？

在20世纪早期，瑞士精神科医生和心理治疗师卡尔·荣格在他的作品中引入原型一词来描述人类精神。他认为所有的人都可以根据个人原型进行分类。荣格最初在《心理类型》一书中写到四个不同的原型。

近一百年后，卡罗·皮尔森博士扩充了荣格的概念并划分了十二种不同原型。这让每个人都可以了解荣格的理论。她将这十二种类型总结为：天真者、凡夫俗子、英雄、照顾者、探险家、亡命之徒、凡夫俗子、情人、创造者、统治者、魔法师、智者、弄臣。皮尔森基于不同的性格特点描述每种原型。例如，弄臣是认为你只活一次的那类人。弄臣的核心欲望是活在当下。这种原型的最大恐惧是无聊（或者更糟糕的是，让他人感到无聊）。他们最大的缺陷是浪费大量时间，但是，喂，你只活一次！然而，照顾者对照顾他人的利益更感兴趣。这种原型的核心欲望是通过无私的行为在生活中与他人联系并帮助他人。照顾者最大的恐惧是自私和不知感恩，照顾者最大的缺陷是被利用，照顾者是由热情和慷慨驱动的。

企业也可以按原型分类。这一主题书籍《很久很久以前：以神话原型打造深植人心的品牌》的作者玛格丽特·马克和卡尔·皮尔森根据十二种性格原型将知名企业分类。例如，本 & 杰瑞（Ben&Jerry）的冰激凌公司是弄臣——喜欢玩乐的开心公司。而像乐高、绘儿乐（Crayola）或者 GoldieBlox 这样的企业是创造者——对创造有价值的事情感兴趣。当你创建角色，明确行事目的和行事方式时，将你的企业作为一种原型来思考是有帮助的。

如何将这一概念应用于你的客户?

即使这是你第一次听说卡尔·荣格和他的原型，或者皮尔森的作品，基于生活经验，你一定已经知道每个人都是不同的。每个人以不同的方式解读信息，每个人也以其特有的方式对事情做出反应。然而，太多的企业都将客户作为一种单一实体来对待，以同样的方式和每个人对话，这是能毁掉你企业的重大错误，也是很多企业不擅长营销的主要原因之一。企业一定要理解营销本身（作为一个学科）和营销对象（市场）是两个密不可分但截然不同的关注领域。相比于用单一的客户终身价值去沟通无名无姓、缺乏特征的客户，更有效的方式是了解自己企业的客户原型，并以个性化和真实的方式与每组客户（和潜在客户）沟通。

想象一下下面的场景：一个巨大的体育场里正在举办足球赛。

体育场一边的粉丝身着统一颜色的衣服，是一片红色的海洋。另一边是对方队的粉丝，是一片黄色的海洋。当比赛进行得如火如荼时，我们清楚地知道哪些粉丝支持哪队。这是从他们衣服的颜色、脸上的油墨颜色或者哪队得分时欢呼知道的。现在，把体育场清空，放进你的客户和潜在客户。你可能有两组、四组和六组。体育场的每个部分应该是一个不同的组，穿着不同颜色的衣服。你作为裁判，从每组客户中任命一名队长来投硬币。你应该能够相对准确地告诉我每个人作为个体看起来怎么样。这就是代表特定客户组的原型。

这个练习的主要目的是为你的每一组客户群描绘一幅生动的图片。然而，如果你发现你在描述每种原型时都有困难，那么你的发现过程应该首先选择其中一组，问一些简单的问题，例如：

· 如果你能把这组中的所有客户整合到一起，并创造出一个单独的人物形象，那么这个人是谁？

· 这个人是男是女？

· 这个人长什么样？

· 这个人住在哪？

· 这个人的收入情况如何？

· 这个人多大年纪？

· 这个人受过教育吗？

· 这个人最热切的渴望是什么？

· 这个人生命中的目标和/或渴望是什么？

· 是什么鼓舞着这个人？

· 这个人最大的恐惧/痛苦/沮丧是什么？

- 当在清晨醒来的时候，这个人头脑中想的是什么？
- 这个人“生活中的一天”是什么样子？
- 这组客户的独特共同点是什么？
- 他们的情感特点是什么？
- 他们彼此如何交流？
- 这组客户与其他组有什么不同？

这绝不是一个详细的问题列表。你可以自由修改这一列表来满足你企业的需要。这个练习的重点只是让你思考不同组的客户，精准调节使每组成员彼此相似的独特特点。这一过程对一些企业来讲从本质上比另一些企业更容易——特别是当企业吸引力较小时。但是不要陷入过度简化原型的误区。有时，一家企业会有一个单一的客户原型，这没问题，但是大多数企业会有好几个客户原型。

值得指出的是，这一想法已经有不同的体现。在基斯·伊迪斯2003年的作品《新解决方案销售》中，他提到一个创建你的“稻草人”的相似过程。其他人称之为建立你的“客户形象”。我个人喜欢用原型一词，因为大多数企业有不止一位理想客户。不管你怎么称呼它，当战略性地使用这一概念时，它非常有力。

这个方法的益处是什么？

企业喜欢讨论“客户的声音”，但是通常也正是这些企业并未真正理解它们正在对话的人。我们如何理解客户的“声音”？以及如果我们不能真正确定客户是谁那么如何与他产生共鸣？怎么样才能让所有人觉得这个策略会奏效？更别提让他们对一个品牌建立忠诚度。当企业试图和每个人交流时，他们最后反而没有和任何人交流。

当你花时间学习你的理想客户原型，并建立模型描述他们时，你的企业就做好准备要真正注重营销努力了。你将对客户十分熟悉而且知道他们如何行事。很显然，每组客户需要不同的营销、不同的信息，和不同的后续行动。你发现自己能够确保所有的营销努力都只针对一类人，那么你的沟通就能顺利进行。反过来，每位客户会感到你的所言所行似乎都是为其特别定制的，这就像你说出的想法已经在你客户的头脑里无意识地发生了。这就是魔法产生的时候。

引用那句老生常谈的电视广告口号："别急！还有更精彩的！"建立各种各样的原型模式，其益处远远多于营销。原型可以作为一个培训工具贯穿整个企业。例如，它们能让你的客户服务团队更好地理解提出投诉的客户类型，更清楚地知道如何与其沟通。它们也能帮助你的销售团队成员更有效地和领导沟通并更迅速地发现新机遇。简而言之，为了得到这个战略方法的最大价值，你企业的每位员工都应完全掌握你理想客户的原型。

我确定你正开始理解这个概念的潜在影响。其影响力巨大。但是让我们回到营销。每次你的企业和现有或潜在客户沟通时，你就需要问自己，"这个信息／营销／范本／设计会与这个特定的客户原型产生共鸣吗？"你的理想客户原型应该是每一次客户沟通的基础——销售前，销售中，销售后。如果你系统地遵循这个策略，你将产生最有效的营销。你的企业将经历巨大突破。

警告——不要让预设的想法隐藏于浩瀚的海洋

我曾经有位客户，他从业 15 年了也不清楚他的理想客户是谁。公平点说，他大概知道他客户的独特之处，但是他对客户形象的理解不够深刻以至于无法使其企业潜力最大化。他当然不能阐明他的理想客户原型。听起来耳熟吗？

他知道他的客户主要是年龄在 40 岁及以上的男性。这是一个好的开始，但是剩下的就是猜谜游戏。40 多岁的男人这样做的原因是什么？他们的动力是什么？他们晚上因为什么才会辗转难眠？他们在开车去工作的路上想些什么？我们需要知道。

我们花了一点力气去和他的不同客户建立联系并研究他们，为他们每个人建立原型。在我们共同工作的几次过程中，我的客户意识到，实际上有三种不同类型的男性在购买他的内容，如下：

· 第一组男性是自营业主。他们几乎都结婚了，大部分有孩子而且想要发展自己的企业。他们寻求营销帮助，从而采取措施使企业达到下一个水平。他们最大的担忧是企业发展有些迟滞。

· 第二组男性 60 多岁，也是自营业主。他们已经获得巨大成功并很快要退休了。他们主要关心在几年之后把企业卖掉或者交给一个家庭成员。简而言之，他们晚上想的是企业会发生什么。

· 第三组男性供职于更大的制造业企业。他们都是顶尖的销售明星。这些人大部分单身，但是一部分结婚了。这并不那么重要。重要的是这组人都渴望创立自己的企业，他们需要来自我的客户的帮助和价值。

大多数企业可能认为整个客户群是一类客户。在这个案例中，他们会说，“我们的理想客户是 40 岁及以上的男性。”这样，大部分企业会给所有人发送同一套电子邮件、举办同样的活动、提供同样的销售模式和促销活动。然而，这种以单一模式适用全体的方式显然忽视了最重要的细微差别——准确地讲，就是那些还能被发掘更多价值的东西。

我和我的客户总结了一些观点，使他在向每组客户营销内容的时候做出了一些简单细微的改变。他说，这样做就像“轻按开关”一样。他的营销结果从一般到惊人，他一直采用这种明智的战略营销，这使得企业每个部门在一切事务上都能做出更好的决定。

我的客户通过将客户分组建立了三种类型的方案和促销活动、与客户沟通的三种方式——每种方式都有其独特特点和语气。他说结果和反馈率高于此前他们所做的一切。销量增加了（销售频率和交易规模都增加），客户也变得更为忠诚。

你把所有客户当作一个单一实体对待，会不会感到愧疚？只是一点点额外的工作就能极大地改变你与现有客户群的关系。你不认为这很值得吗？

与你的原型沟通

作为营销者长期以来一定都已经理解了解理想客户的重要性。然而到现在为止，我们很少以建立真正、长期客户关系为目的来了解我们的客户。换言之，要从保留客户的角度思考原型。这是成为常青企业所要保留的品质——你稍作努力就能使它成为你企业的品质。成功的唯一办法不仅是更好地理解你的客户是谁，而且还要知道如何与他们沟通。让我们开始吧。

第一步：了解你原型的想法

如果你真的想要建立有效营销，你需要发自内心地理解每个个体原型。为此你需要了解你客户的想法。这就是，你如何了解客户关注的热点问题，是什么激励了这种类型的客户。这是你开始时可以问的几个问题：

- 你的原型的普通一天是什么样的？
- 你的原型日常面对的恐惧或沮丧是什么？
- 你的原型头脑中想的是什么？
- 你的原型每晚辗转难眠时思考的是什么？
- 你的原型想从生活中真正得到什么？
- 你的原型前进的动力是什么？
- 你的原型对什么感到真正兴奋？
- 你的原型面对什么挑战时可能会退缩？

离题话：当我问第一个问题时，大多数人会突然（震惊！）意识到，他们的理想客户不会花所有的时间来思考它们的公司。不，客户正在思考去学校接孩子、换一种汽油、晚餐吃什么、理发是否要排队或者牙痛——千万别做根管治疗什么的，但是我离题了。

用这些问题来建立一个资料，来描述每个原型“生活中的一天”。它们应该提供一个好的起点，但是还要问一些其他问题来充实这个故事：你的内容如何影响你客户的生活？它应该如何解决客户的难题或是满足他们具体的需要或欲望？

杰夫里·摩尔在其经典著作《跨越鸿沟》中指出企业成功的方式是面向一组非常具体的客户，并将企业的全部资源发展成这一特定市场的主导领袖。摩尔建议科技企业建立“其理想客户的一天”的模型。在一家企业非常清楚那一天的样子后，摩尔让企业经理们完成第二个练习——在理想客户使用他们的产品之后，构建理想客户生活中的一天。

思考一下你企业的内容。如果我现在问你，你能描述出客户在与你做生意之前的生活是什么样，以及之后的生活吗？你能具体描述它的影响吗？

第二步：理解你原型的声音

我在第三章让你想象一个你理想客户和企业角色之间的虚拟对话。既然你已经成为了原型的专家，我想让你再次想象他们的对话。如果他们今天第一次见面，他们会对彼此说什么？他们会怎么说？除非这个新任务里有一个小问题。现在你知道你不是只有一位理想客户，你有多种原型。当然，每个人要以不同的方式做出回应和沟通。你需要努力捕捉每一种声音。为此，问你自己这些问题：

- 你的每一个原型使用什么特定的词或短语？

· 特定群组的原型彼此如何交流？

· 他们使用复杂的语言吗？或者他们的对话更随便？

· 你的原型使用共享的术语（回忆第四章对部落术语的讨论）、简写表达或首字母缩略词吗？

把每次你与客户交流当成与他们面对面讨论。你不是在和他们说话，你是在和他们交流。你应该这样处理你所有的信息：在他们的层面上沟通，不要试图居高临下地对客户讲话。思考一下你自己与别人的互动。当人们试图压制你，超过你，或居高临下地对你说话的时候，你是否会感到不快。然而，当人们真诚地与你交流而不是居高临下地对你讲话时，交流就产生了信任。你每次与客户沟通时都有机会建立这种感受。别浪费它！

当你起草想象的对话时，要思考特定原型的整体语气。例如，你的原型是随便的还是正式的？过去几年里，我们被告知我们需要对客户更随和、更真实。但是如果它对特定原型没有意义，那么这个建议就是错的。如果你的客户都是退休的脑外科医生，你不会想用太随意的语气。相似地，如果你的客户主要是没有操作电脑经验的老年人，你也不想用在电脑方面太专业的说法。这就是为什么认识各种原型至关重要。把它想作一个鸡尾酒会。在工作之余，你愿意与客户原型展开什么样的鸡尾酒会讨论？它可能是随意的，但是不会过于随意，或者有点正式，这取决于谁参加酒会。

第三步：把你的沟通策略和每组匹配起来

当客户与企业相互联系时，他们理解彼此的需要和渴望，而且能够在更深和更有意义的层面交流。当客户感到被理解时，电子邮件、信息和其他的一切往往会在更深层面上产生共鸣。客户会打开电子邮件。信息产生影响。客户感觉他们和你企业的关系不错，他们想继续和你做生意。不仅如此，他们还会想要用你的企业角色确认他们自己——和他们独特的个性。

那么你如何到达这个甜蜜点呢？你需要以一种使他们感觉更真实的方式来理解你的客户。你需要对你的客户产生一种视角，这种视角应该比他们实际看待自己的视角更宏观，更清晰。

大多数企业痴迷于居高临下地对客户讲话，而不是与他们平等沟通。但是现在，你清醒地意识到，想在当今世界成功，你需要亲自和客户沟通。相比于在山顶上大喊大叫，你需要在与客户互动时仿佛跟他们紧密联系在一起。人们不喜欢与居高临下的人做生意——他们想要和喜欢的人做生意并和他们交流。

还记得第三章里杰米·奥利弗的品牌指南吗？“杰米平易近人、风趣幽默——不做作，容易相处而且有意思……”等等。虽然这些指南没有确定理想客户是谁，也没有确定哪种原型，但它们却具体指出了杰米·奥利弗的品牌是如何与大多数人沟通的。你目前与客户沟通的方式是不是和你试图接近的那个人资料相匹配？更重要的是，是不是与你试图保留或建立关系的那个人资料匹配？如果不是的话，详细定义你的客户原型就是你企业的一个绝妙倡议。这些发现能对你企业的方方面面产生重大影响——不管是一线人员，还是高管。

第四步：只在你需要去的地方

现在，是时候开始思考你将如何——或更准确地讲，从哪和理想客户原型沟通。这是你开始时要问的几个简单问题：

· 你的理想客户原型都使用手机吗？或者其中一些仍然使用传真机吗？

· 他们使用诸如推特、脸书或领英等社交媒体吗？如果不是的话，他们如何与朋友或同事沟通？

· 他们去哪里闲逛？

· 他们读书吗？如果读的话，什么类型的书？

· 那么传统的媒体资源呢？他们读报纸吗？如果读的话，哪种报纸？

· 他们看电视吗？如果看的话，他们最喜欢看什么？

· 他们还有什么有趣或独特的地方？

这些问题的目的是为了确定怎样的营销活动将与你的特定原型匹配。当然，这不是一个全面的列表。我只是提供一些让你开始的问题，但是我想让你尽可能地深入挖掘这些问题。你知道的越多，你所处的位置就更好。这是你的机会，让你得以关注你目前的客户从何而来，同时也将关注你潜在的客户从何而来，以及他们将去哪里。这也是你阐明你真正需要去哪里的机会，而不是社交媒体专家告诉你需要去的那个地方。

所以，当下一个受欢迎的新兴企业“bamboozleboo.com”轰动一时，世界上每个人都疯狂地跳上 bamboozleboo 列车时，你将很快意识到它是否是你客户可能使用的一个媒介，它是否是你潜在客户可能出没的地方。结果，你将很快知道你的企业在这里投入时间、精力和资源是否有意义。

我总是收到企业的电子邮件，它们告诉我它们在社交媒体上又做了这些或那些，但是都没有奏效。我访问它们的网站，看到的都是相似的标语：在脸书上为我们点赞，在推特上关注我们，在品趣志上访问我们……Instagram， Vine，Flickr，YouTube，Snapchat，Tumblr，LinkedIn，Vimeo，RSS 还有更多！它们感到心力交瘁是因为它们试图在这些社交网络上维护资料，或者它们给自称社交媒体专家的家伙们过多的报酬，让他们管理这些重要的任务（没有恰当地理解企业角色，这是至关重要的），每次一个新的服务到达临界量时，它们也被告知要做到这样，或者它们失去了一个极好的机会——所有企业变革性的、全部和最终的机会。

停下来！只去你需要去的地方

伟大的加拿大前冰球运动员韦恩·格雷茨基曾说：“我会滑到冰球要去的地方，而不是它去过的地方。”这并不意味着你急忙抓住每次新机遇或欣然接受创业小企业。恰恰相反。我是说你应该能到达这样一种程度：你应该准确地了解客户原型现在在哪、他们正向哪里前进以及他们将要到哪。这是“伟大人物”应用到其冰球运动中的洞察力，也是你可以应用到营销中的同样策略。

利用贴心营销的自然协同作用

到目前为止，我确定你很清楚为何角色原则如此重要——以及为什么我们对 3 C 原则的讨论以此开始。当一家企业花大力气明确其角色，然后精心定义其不同的客户群时，企业本身就有了方向。突然间，它的营销、后续行动和关系建立就变得容易太多了。当专家们谈论“真实”时，这才是他们的真正意图。

知道去了解客户原型和客户组成的具体品质的重要性，能使我们更有效地营销，但是其益处远不仅如此。它使我们更快地建立一种信任感。忠诚度不是由“周到体验”产生的，而是由客户与你做生意的感受产生的。

客户原型的魔力不止于此。忠诚的客户往往成为企业社群中的更活跃成员。当这一情况发生的时候，一种强有力的协同作用开始出现了——一种有直接可衡量结果的协同作用，一种指向常青营销的协同作用。

就像生活中的任何事一样，你可以衡量过程，但更重要的是投资的回报。通过把注意力从“关注新客户”转移到“关注建立关系”，你将有时间、精力和金钱来对建立社群等努力投资。为了合适地衡量你的努力，你需要非常清楚策略和目标。从这里，你应该能够设计衡量成功的标准。例如，如果你的目标之一是通过社群推介增加生意，那么你的营销部门一定要确定有多少进入社群的新客户是你的社群带来的直接结果。

你看到这个方法的潜力了吗？它当然是具有开创性的。你愿意投入时间更多地了解你的客户并以此来获得他们的忠诚吗？如果是的话，你就为第七章做好准备了。

* 第七章　正确理解忠诚度

建一个树屋并让你的客户爬上去

“我要三个鸡肉汉堡，四个牛肉汉堡，两个猪排和半磅培根。”我在当地的肉店之旅体验还不赖。店员问我姓什么，从鞋盒里抽出一张价目表，并告诉我今天节省了超过 15 美元。但这并不是全部。我刚刚加入了“臭名昭著”的“食肉动物俱乐部”！店员登记了我的电子邮件地址，并告诉我，在几天之内，我将享受仅供“食肉动物俱乐部”会员独享的促销活动和折扣。（显然我过去几个月的花费总额已经达到了一定的门槛，所以我得到了一把参加一个令人兴奋的新优惠活动的钥匙。）在回家的路上，我绕到了星巴克，我把 iPhone 从车里拿出来支付我的大杯美式咖啡。员工扫描了我的手机。她说：“下一杯就免费了！”

这两个例子表明两个截然不同的企业——一个当地的、低科技含量的企业，另一个是全球的、高科技含量的企业——都启用客户忠诚项目来有力、高效地增长业务。这是两个给最大、最频繁的消费者提供优惠的经典例子。但是，星巴克的分析与商业智能主管 Joe LaCugna 最近公布的信息，使得博主、记者、忠诚度专家和世界各地大量的星巴克粉丝感到震惊。他表示，相比于最忠诚的客户，星巴克对“不忠诚”的客户的回报更多。更忠诚的客户（比如每天都会买一杯大杯美式的我）相比很少消费和来访的客户，不太可能得到折扣和促销活动。虽然大多数人表示不满，星巴克竟然会对最忠诚的客户做出这种事，但我的看法是，这是一家真正了解忠诚度的企业。好吧，部分了解。（我会解释为什么只是部分。）

建立客户忠诚度和宣传企业都不是一蹴而就的，但是一个忠诚度计划能帮助你实现这个目标——如果（这是一个大写的如果）能够正确实施的话。一旦一家企业满足了客户的基本需求，它就有机会超越那些需求，并发展更深入的关系，培养更高的忠诚度。这就是为什么建立“忠诚之梯”体系如此重要。让客户仅仅“感到满意”谁都能做到，但是下一步是让客户走上阶梯，你才能极大地提升客户的满意度和幸福感。

随着客户对企业的忠诚度增加，能否意识到这一运动并相应地对待客户，这就取决于企业的决策了。顺便说一下，你是 B2C（企业对消费者模式）或 B2B（企业对企业模式）都不重要——所有的概念是一样的。这章不仅仅是关于建立忠诚阶梯，也和引导你的客户独立自愿地登上阶梯的体系实施有关。

简而言之，接下来你将看到大量的可行建议，是有关如何建立有效的客户忠诚度计划的、真正适用于你的企业并能够产生结果的建议。让我们来面对它。如果你和我一样，钱包里面塞满了许多根本不能让客户对企业产生任何忠诚度的宣传卡片，个中原因正是某些企业忠诚战术早已失效，然而那些企业依旧尽其所能地鼓吹这些毫无用处的“忠诚度计划”。

为什么我们会流失客户忠诚度?

世界各地失败的企业，有个共同的战斗口号：“不再有客户忠诚度这回事。忠诚度已死！”当然，这并不正确。不管是跨国企业、互联网创业公司、家族企业或是介于它们之间的企业，许多企业已经学到如何与客户互动并让客户不断回头光顾。让我们探索一下这些企业的做法有何不同。

近年来，有大量的书籍试图告诉我们有关客户服务、客户满意度、客户忠诚度和客户体验的一切。每年都会有几十本这一主题的书出版。还有相当一部分技术类的书籍，如弗雷德里克·赖克赫尔德的《忠诚度效应》，为大型企业提供了一个叫 NPS（净推荐指数）的时髦测量工具——可用来衡量客户忠诚度的标准。近些时候，我们也看到了一些书（还是《纽约时报》畅销书）告诉企业解决痛苦的方案就是开始再说“谢谢你”，或者做一切让客户保持开心的事情，即使这意味着在一个客户支持呼叫上花 10 个小时！在这个竞争日益激烈的全球化市场中，这怎可能是对每一个企业都可行的解决方案？

我是个实用主义者，我想要我的客户体验到惊人的结果。你的企业可能不会仅仅因为让客户开心就发生亏损，而且可能没时间等其他人在网络上推送或者提到你的企业。有一个更好地调整和提高客户忠诚度的方法——从战略和战术层面。让我们一起探索。

为什么积分卡对你来说就是废纸一张?

星巴克和我当地的肉店都是例外。事实上，我们所见的大多数忠诚度计划都是一般化的，它们最终早已落入“毫无价值”之列。《宋飞正传》的粉丝都会记得乔治·克斯坦萨的钱包里塞满了积分卡，这让他坐立不安。这看起来荒谬，但是并不遥远。我们都打开过钱包，找一摞摞奖励和积分卡，我们几乎总是忘记在交易的时候把它们掏出来。或者，你和我一样，家里有一个塞满这些东西的抽屉。似乎全世界每一家企业都认为积分卡是建立客户忠诚度的必要步骤。

当然，这些卡并不代表客户忠诚度。更大的问题是大多数卡（以及相应的策略）并不像企业所想的那样奏效。然而每年，企业继续浪费数十亿美元制定忠诚度计划，而它们没能建立任何有效计划，有的甚至与客户忠诚度相距甚远。我们是怎么和目标偏离这么远呢？

但是这些卡也起到了一点作用。积分卡是最常见的客户忠诚度计划类型。我们赚取积分并将其兑现为奖励（可能是免费赠品，折扣或其他东西）。当我们记得兑现积分的时候，我们对得到的东西感到兴奋。获得免费航班或折扣租车永远都是一个意外收获。这可能会让我们当时觉得不错，但这对顾客的忠诚意味着什么呢？不幸的是，这根本意味不了什么。

思考这个例子：“受欢迎的”（可能命名有点误导性）加拿大航空里程策略是一个联合忠诚策略，其中一张卡可以用来在全国各地数百个不同的公司收集积分（或里程）。这些积分可以兑现多种礼品券、旅游奖励或家庭用品等等。这一策略旨在提高客户忠诚度。不可否认，这是一个极其成功的奖励策略。（母公司 LoyaltyOne Inc.——年收入近 10 亿加元）有三分之二的加拿大家庭属于航空里程策略。但是这有效吗？它是否对建立关于一个特定品牌忠诚度——那种我们正在寻找的能够建立常青关系的忠诚度有帮助？当然不！

把积分作为忠诚度的最终驱动因素还存在另一个问题：你的客户会很快确定价值，这有时弊大于利。其中一个例子是达美航空的飞凡里程策略。Flyertalk.com 是世界上最大的网上常飞旅客社群之一，拥有超过五十万名会员。由于他们认为达美航空的飞凡里程策略价值太低，成员们将其更名为“空中比索”。每次有人提起达美的奖励策略时，一些成员会插话，以提醒他们使用正确的“术语”：“空中比索”。而且几乎每一次，其他几个成员都会讨论这些积分的实际价值有多低。

说实话，基于一张简单卡片的所有忠诚度计划都会影响购买行为，但它们很可能不会建立哪怕一点点的常青忠诚度。每次我给自己的车加油，刷我的航空里程卡，就得到几个积分。不知不觉间，我就拥有了几千积分，我可以兑换家得宝（Home Depot）礼券、新手表，或者搅拌机。但我不相信这与建立对任何特定品牌“忠诚”的目的有任何关联，至少对我来说就不是这样。这当然没有让我感觉对另一个品牌更偏爱或更感兴趣。这一切没有让我觉得自己和这些企业之间建立起了一种关系。

如果我们可以说，增加忠诚度的目的，是让你的客户只与你做生意而避免和别人——主要是你的竞争对手做生意的理由，那么我们最好确定我们正在发展一个超越交易的关系，一个更有意义、更有影响力、更亲密的关系。这不仅仅是将积分卡塞入我们客户的（已经满满的）钱包中。顺便说一下，我们已经看到更多的这些卡转到移动设备上，虽然这是迈向正确方向的一步，但是主要问题，忠诚项目的实施，依然是一个难题。

让我们面对它。忠诚度计划已经声名狼藉，大多数的批评是有根据的。为什么？因为它们大多不奏效。客户不会因里程、头等舱而对任何航空公司忠诚，也不因奖励积分而对某家连锁酒店忠诚。当然，我喜欢文华东方酒店集团（Mandarin Oriental Hotel Group），但这并不意味着我不愿意在别的酒店入住，比如说，罗得岛州的普罗维登斯就没有文华东方酒店。（顺便说一下……其实在普罗维登斯根本没有很多酒店可选。）通常，我会选择排行第二的那家或评论最好的酒店。

那么我们为什么如此在意建立客户忠诚度这种东西呢？好吧，对于刚起步的企业来说，忠诚的客户往往购买更多东西，购买得更频繁，照顾他们的成本通常更低，他们也比新客户能带来的利润更多。那么，试图建立客户忠诚度有意义吗？当然有意义。而一个“忠诚度计划”能帮助你这么做吗？当然！但是前提是你做得对。

向星巴克学习

你会频繁收到来自星巴克的邮件吗？你知道下午 2 点以后有免费的大杯拿铁咖啡，或这周浓缩咖啡可以免费续杯吗？好吧，恭喜你，你可能是星巴克不太忠诚的客户之一。为什么星巴克花在像你这样的人身上的时间比其最忠诚的客户多得多呢？它的这种营销手段使得大多数忠诚度“专家”百思不得其解。2013 年春，星巴克分析主管 Joe LACugna 在芝加哥的大数据零售论坛指出，星巴克已经从 600 多万忠诚的客户那里收集了太多的数据，公司得出一个有趣的结论：更好的做法是关注最“陌生”的客户，少花时间担心最“熟悉”的客户。当世界各地的博主和客户服务专家听到他的结论时，他们绝对抓狂了。

但是当你思考一下，这就显得合情合理——其实星巴克不应需要那么多的数据来得到这一结论。不论如何，星巴克都不用担心那些咖啡的坚定拥护者；它对于把经常光顾的人转变成忠诚客户更感兴趣——或者最起码是更能营利的客户。这种方法在于关注低价值客户并把他们转为高价值客户。这才是你应该做的事。

我为客户提供咨询时，会仔细查看他们客户忠诚度计划数据，以找出其最佳机遇在哪，以及如何进一步将其客户分组，以提高客户价值。朋友们，这是成功的客户忠诚度计划的关键因素之一。当然，这些策略旨在奖励、补贴那些最忠诚客户的购买习惯，但是终极目标应该是丰富不同客户群和提高整个企业的营利性。

那么星巴克是怎么做的呢？非常简单，星巴克使用其数据，根据像总花费或总访问这样的分类，将客户分组。接着星巴克把这些客户纳入其特有的营销策略中，以增加这些客户对品牌的花销和与品牌互动的频率。LaCugna 和他的团队认为，他们无须奖励最忠诚的客户，因为这些客户将会基于他们的购买习惯得到奖励（还记得我去肉店之后获赠的大杯美式咖啡吗？那是我买了 9 杯同样的咖啡后期望得到的免费赠品）。

虽然星巴克的忠诚度计划绝大部分都很正确，但是我认为至少有一点他们做错了，它本可以被做得更好——不管一个客户怎样忠诚，总需要有人在那个客户面前搭一副梯子，好让客户爬上去。当你把这副梯子直接放在某人面前时，通常他们就会有抑制不住的、想爬上去的冲动。虽然星巴克有机会利用其数据来增加那些不太忠诚的客户的购买力度和忠诚度，但同时星巴克还有机会（我可以说巨大的机会）使其最忠诚的客户达到一种更高的参与程度，可是，星巴克正在忽视这些顾客，更不幸的是星巴克正在把他们（包括我）视为理所当然——这同样是我们疯狂迷恋“新客户”文化的另一种体现。

不要认为我正在讨论大多数人们此时在谈论的话题：他们批评“星巴克的长期客户将会为此感到沮丧；星巴克其实没有接到尽可能多的交易！”这其实不是重点。星巴克是正确的。事实上星巴克最忠诚的客户并不关心用优惠券或折扣的那种促销，有更好的方法来使他们的体验更上一层。在回顾几个“客户忠诚度”的定义后，我将告诉你这个更好的方法是什么。

重新定义客户忠诚度

在我们展开论述其他话题之前，我想强调，正确理解“客户忠诚度”这一术语至关重要，事实上客户忠诚度已经被大多数人误解。我信任的 iMac 字典将忠诚度定义为“对个人或机构的不断支持和效忠”。在谷歌上搜索“什么是客户忠诚度？”你将得到不同的回复，包括：

· 客户忠诚度就是让客户买，频繁地购买。

· 客户忠诚度是指客户做出承诺，对一个特定品牌效忠。

这些定义很接近，但是它们不是客户忠诚度的全部。这是我认为正确的定义：

客户忠诚度是由一家企业与客户基于持续的积极体验互动而累积、建立起来的关系。这种积极体验从客户忠诚度出发，因此不仅可以满足客户的基本需求，还能满足客户更深层的、情感方面的、非实体化的需求。这种关系通过传递产品、服务和信息为客户提供了一种更加珍贵的价值。

看到了我的定义吗？其实就是3C框架。为了培育客户忠诚度，我们需要停止把企业战略中各种不同层面——如客户获得和客户保留——视为独立的功能。并且要理解，当以一种更加周到的方式运用3C框架来创造连贯的客户体验时，客户忠诚度自然会到达最高水平。此外，客户忠诚度产生在实际交易前、交易中和交易后。当以这种方式看待的时候，显然，忠诚度计划的目的是帮助我们更好地理解我们的客户，并针对不同群组的客户，量身定制特定的营销信息。

对很多企业来讲，客户忠诚度有点像一种“空头支票”一样的交易。他们说，“当然，这是个好主意，但是它真的存在吗？客户真的对与和他们光顾的企业建立长期关系感兴趣吗？”答案是一个响亮的“是的”！我已经帮助餐厅、酒店、水暖工、高尔夫俱乐部和汽车修理场建立起了真正的、以情感驱动的客户忠诚度。为此，你需要采用 3 C 框架，而远远不止是使用简单的积分卡。

建立（或改进）你的客户忠诚度计划

既然我们都认为忠诚度计划——至少是它们过去的设计方式——早已过时了，那么是时候为你建立一个新型忠诚度计划了。在本章的后半部分，我将解释如何构建一个奏效的奖励策略，以及如何从战略和战术层面思考你的“最佳客户”。首先要意识到：建立忠诚度计划的过程比获取完美的结果更加重要。社群因将不同的组织结合到一处得以建立，而客户忠诚度计划也是如此。通过建立有效体系来捕捉和奖励客户忠诚度，你的企业也将因下面几点而获利：

· 为最具价值的客户改善客户体验。

· 更长久地留住客户。

· 将你最佳和最忠诚的客户价值最大化。

…………

这个列表可以一直列下去。一个正确定义忠诚度的项目带来的益处是无止境的。让我们看看怎么做。

理解一个有效忠诚度计划的目标

一个正常运行的忠诚度计划将增加企业的营利性。星巴克需要 600 多万忠实会员的数据来告诉他们应该把资金投入在不太频繁光顾的客户身上。事实上你只需要通过其中一小部分数据来得出类似的结论。你需要正确理解是什么使得忠诚度计划奏效。对任何一个客户忠诚项目来说，下面这三点都应当成为主导当前项目的策略制定的目标：

1. 增加客户留存率、增加购买频率、扩大每次交易的额度。
2. 更好地理解你的客户，包括客户行为和消费者洞察。
3. 提供更多真实的、细分的、个性化的沟通和信息。

这些听起来很不错，不是吗？显然增加购买频率和每次交易的额度让人十分兴奋。当然，更多地了解你的客户以及他们喜欢什么也是非常有价值的。如果你能够产生高度准确和为客户量身定制的营销信息，那么想象一下你的营销投资回报率（ROI）将产生怎样的变化。就像站在一棵树的顶端一览景色，当然比站在树下观望更让人兴奋。你现在达到这个高度了吗？

如何确定适应全局的策略

你的企业如何建立一个有效的忠诚度计划——一个不仅仅是在卡片上打孔和积累积分的策略？要记住的是，你需要尽可能温柔地用充满爱的臂膀拥抱你当前的客户。让我们面对一个真相，现如今当谈到争取客户问题时，我们都在波浪起伏的海洋中航行，因为这比过去做到同样的事要花的成本高得多。这是我们最终看到企业扭转形势去关注最重要的事——保留他们当前客户的一个主要原因之一。在谈到增加客户忠诚度时，一个客户忠诚度计划不是等式中的唯一因素——这只是沧海一粟。企业为了让现有客户更频繁地回购而承受着巨大的压力，这就是这本书真正讨论的。但是解决方案源于企业内部能够真正意识到如今的商界已经发生改变这一事实——一切都已经不同以往了。

一份来自一流咨询公司的调查报告称，“现如今营销已经在忠诚度等式中扮演重要角色。”当我读到这些的时候，感到十分吃惊和难过。营销什么时候不在忠诚度等式中发挥作用过？我希望到目前为止，这本书让你意识到业务的每个部分都在忠诚度等式中“发挥作用”——特别是营销。

当你试图构建“理想客户”的原型以建立企业角色时，目标一定是确保在客户保留和忠诚度方面取得成功。别担心，我不会再次强调争取一个新客户的成本是保留一个现有客户（或者让他们光顾你店里）的十倍以上。因为如果你读到这儿的话，你已经对这点烂熟于心了。客户忠诚度是日复一日、持续性营销的结果。

建立你的忠诚度阶梯

在你思考建立一个忠诚度计划时，你必须考虑你的上升阶梯。不幸的是，大多数企业没有这样做。这是一个通常会发生的例子：一家中等规模的餐厅决定开展一个会员卡策略，客户每消费一美元将获得一分。每获得 4000 分，客户将获得一份预先准备好的奖励。这就是忠诚度计划。就是这样，全部做完了。今天就到这儿吧!

问题是企业只建立了一个由单一步骤组成的“阶梯”，客户迈出第一步后就不知道怎么做了。这是企业犯的最大的错误。第二大错误是企业认为客户真的会迈出“第一步”，然而大多数客户不会。如果你用你的忠诚度计划去走这条路的话，你和你的客户都会失望的（而且会为浪费了一个绝佳机会而羞耻！）。但是如果你的企业也有类似的问题，那么别烦恼，因为你依然能扭转局势。

首先让我们通过这个例子回顾一下另一个有关奖励卡的典型问题。我去当地商场里的一家新店买冰冻酸奶。当我结账的时候，那位年轻的女士问我要不要加入这家店的专属忠诚度计划。我问了两个问题：

· 什么是“专属”？
· 我从中能期望些什么？

她回答道：“好吧，这其实不是‘专属’的，但是你将享受很多促销活动，拿到很多优惠券。”这家店没有忠诚度阶梯，当然也没有最终目的。这是一个设计不当的忠诚度计划的典型缺点：如果它是专属的，那为什么每个人都能加入？更不用说，这个请求的时间不对：我还没尝过你的产品呢!

你需要一整副楼梯，有多级阶梯供客户继续爬上去。

最重要的是，随着客户爬上阶梯，他们将在情感上对你和你的企业更加忠诚。同样地，你在关系中与客户的互动也应该增加。你有义务建立一副忠诚度阶梯供客户攀爬。而阶梯的本质是：我们都知道设计它们是为了让客户攀爬。这就是它们的目的，并且这是我们都习惯做的事，而如果我们不为客户提供阶梯，那么我们就让他们无路可走了。

想象一下下面的情景：你正看着一个完全由窗户建成的透明高层建筑。在每层你都能看见闲逛和做事的人。每层都像一个派对。随着你越走越高，派对也越来越好。你必须告诉你的客户在十五楼发生了什么以及为什么他们应该爬上梯子去顶层的“VIP 房间”。

优越感比实物奖品更重要

你的企业员工对客户忠诚度的理解很有可能是错误的，特别是如果他们认为忠诚度是通过购买规模和频率获得的时候，如果他们认为本质上可以通过积分和奖励买到更多的忠诚度的话，那就大错特错了。企业真正能吸引客户的核心并不在于物质的奖励，而在于辨识、感恩和价值。

思想领袖丹尼尔·平克在其经典书籍《驱动力》中讨论了为什么大多数忠诚度计划都没有发挥它们最大的效用，他通过观察员工们工作的状态解决了这个问题。他解释道：大部分企业有通过外在奖励（像现金奖励）来激励员工的传统，但这已经过时了。如今的企业一定要认识到在专业上真正驱动人们的是诸如自主性、掌握力和目标这样的内在因素。

平克的书能够改变我们思考客户忠诚度计划的方式。不要误解我，客户喜欢优惠和奖励，但是在当今这个电子联系的社会，他们想要的更多。正如联系和社群能够胜过你真正为客户提供的东西（你的内容），内在奖励能够胜过我们传统上用来增加忠诚度的物质奖励。忠诚度计划一直以来通常都建立在外在的驱动因素之上（外部奖励，例如返现、积分、折扣和更多东西），而不是内在的驱动因素（像地位和认可这样的内部奖励）。你的客户忠诚度计划应该更关注内部并贯彻于企业所有结构中。简而言之，相比于得到一些东西，你的客户更关心来自不同程度忠诚度的认可，客户更想要被感激、被记住。

我的一位客户创办了一个信息网站。这是一个客户每月付费登录的订阅模型。由于价位高，他每个月只吸引到十几个新客户。（这实际上就是他所需要的一切。）他每个月为所有的现有客户和新客户举办一个免费的网络研讨会。他接下来做的事情很有趣。在每个月举行的网络研讨会过程中，他通过介绍新成员的名字并恭喜他们加入这个独家俱乐部来介绍所有新成员。他花时间感谢他们每一个人。他这样做的同时也认可了新客户并在现有客户中建立了友情。他不需要发放积分卡，这样略表感激和认可的力量更加强大——从细节做起的小事往往影响最大。现在我知道如果你的企业每个月吸引到几十个、上百个或数千个新客户，个性化的介绍是不可行的，但是思考一下：什么是可行的？

向客户展示别人得不到的东西

人们想要其他人得不到的东西。这是人性。这个趋势可以作为一种有力的激励机制。我的一位经营小型餐厅的客户决定向人们具体展示别人得不到什么。他每个月都在正常菜单上附上一张额外的菜单。区别是只有“忠实客户”能点这个菜单上的菜。没有例外。一张菜单上写道：“即使是教皇，没有会员卡也不能点这张菜单上的菜！”他是非常认真的。如果你不是会员，你就不能点那些菜。服务生会学习以一种有趣的方式处理客户需求，建议他们考虑加入忠诚度计划。一些客户感到不悦，但是我认为这个方法棒极了。餐厅每次搞这样的促销活动时，都会增加上百位忠实客户。

这个特定的忠诚度计划的另一个有趣组成部分是我的客户会收取 20 美元的会费。这个收费完成了几件事情。最重要的是，这区分了谁是认真想加入，谁的钱包里又多了张无用的卡。它也鼓励客户照顾好这张卡。（他们会想：毕竟我花钱买了这张卡，我最好保存好并使用它。）当新成员加入策略时，他们会得到一个“欢迎礼包”：一张可以在下次光顾时使用的 20 美元礼券。有趣的是，我的客户发现第二次光顾的人平均花费比第一次高了近 70%。太了不起了！你的企业能做类似的事吗？

你能提供其他人不能有的东西吗？我曾为数百位拥有或经营会员制企业的客户提供咨询。这些企业大多是线上企业，但是我也帮助过大量的线下企业成功地实施会员理念。人们都渴望成为“拥有者”，或者说办到那些其他人无法办到的事情。不过，会员制的真正力量来自于打包你的产品、服务或礼物并让客户定期、频繁地购买——丝毫不需要更多干预，这是一个双赢的过程。几乎每家企业都能找到一种独特的方式来提供某种会员制度——从理发店到洗车行、高尔夫球场、餐厅。你的企业会怎样做呢？

出售忠诚度

你不能购买忠诚度，但是你可以出售忠诚度。你刚刚读到我的客户收取 20 美元让他的客户加入他的忠诚度计划，这是个利用客户成本抵消策略的明智之举。这个方法除了为企业带来明显利益，也增加了客户实际使用服务和成为忠实客户的可能性。那么为什么不考虑先向客户收取费用然后提供会员优惠的客户忠诚度计划呢？

思考一个最著名的策略，亚马逊金牌会员。客户每年花费 99 美元就能加入亚马逊金牌会员，并享受一系列的福利。例如，金牌会员可以在任何时候享受两天内的免费配送，没有订单额度限制。金牌会员能从 Kindle 用户借阅图书馆里免费借书。（还记得第三章里叙述的当杰夫・贝佐斯宣布整套哈利・波特系列对 Kindlc 用户开放时，他的那封“亲爱的麻瓜”的信吗？）最近，亚马逊决定和受欢迎的网飞（Netflix）服务并驾齐驱，现在，金牌会员能够享受到网飞公司在线图书馆中超过 4 万部书籍和电影。

我成为金牌会员有三年了，花的每分钱都是值得的。我简直无法形容自己有多少次都需要买一些两天之内就收到货的商品。（金牌会员也可以只花 3.99 美元就买到隔夜送达的金牌会员专属产品。）这是一个伟大的策略，自从我加入以来，亚马逊公司一定已经体验到了我交易频率的增加。

亚马逊的策略和拥有一家小企业的人的策略有什么不同？不同点不太多。事实上，之前提到的那位经营小餐厅的客户为工艺啤酒爱好者举办了一个马克杯俱乐部。通过将客户分组并确认谁喜欢尝试新啤酒，他以 79 美元的会员价发起了一个 VIP 俱乐部。会员们享有特权，可以在餐厅展示自己的马克杯和刻着他们名字的青铜吊牌，并且还有每杯啤酒多送四盎司以及一整套其他的附加福利。他几天之内就出售了 100 个会员资格而且很快就没有展示马克杯的位置了。此外，“俱乐部”现在实际上感觉像是一个会所。没人想失去他们的位置，很多客户已经为第二年的会员资格续费了。

这个马克杯俱乐部现在有一个等候名单，我的客户总是收到会员朋友们的电子邮件，请求“再多一个马克杯”。人们喜欢在镁光灯下看到他们的名字。这让他们感到自己很重要，受到认可。在这个案例中，每位客户都很高兴在吧台看到他们的名字，还有一个让人垂涎的马克杯的位置。这让每位客户想：我是个明星！

让你的客户成为明星。被认可的动力远比送出的实际产品或服务有价值。我将再问一遍：为什么你不能把这些想法应用到你的企业？不管你经营的是 B2C 或是 B2B 企业，这些想法都同样奏效。这可能需要一点想法和创造力，但是这对任何行业、任何产品都是可行的。

会员制的模型到处都是。千万不要认为你的企业不能建立会员制度，因为我确信你一定会想出一些办法。想一想航空公司的贵宾室。它们和其他的 VIP 俱乐部有区别吗？没有。

除了会员制模型，思考建立一个使你的客户有机会获得或购买独特服务的策略。这是另一个例子。如果你有孩子，有钱，你能去迪士尼并享受迪士尼的 VIP 观光服务而不必排队。每小时花费 340 美元，你在景点不必排队，还可以乘坐私家车旅行，获得观看演出的 VIP 座位。我意识到这不太像一个忠诚度计划而更像一个能被购买的 VIP 策略。你能将同样的理念应用于你的企业吗？当然可以！你的客户可以购买什么来提高方便性、交付速度或者获得你的内容？客户可以购买什么来增加光顾你企业的频率？

一家餐厅会允许你不排队或优先使用保留的餐位吗？想象一下一家餐厅在周一主动告知最忠诚的客户为其保留周五晚上的预约（或者更重要的，餐厅联系有一段时间没光顾的最忠诚的客户）。讨论不需要排队的问题！航空公司允许其客户忠诚度计划积分最多的客户乘坐任何空余的头等舱座位。你为什么不能在企业内建立相似程度的 VIP 策略？你能，并且你应该这样做。

设计你的客户忠诚度行动策略

客户是很迷人的，这毫无疑问。但客户不会主动将对话继续下去，一个客户忠诚度计划可以帮助你做到这一点。不过它应该只是你与客户建立有意义和持久关系的更广泛尝试中的一方面。忠诚度计划也不是增加利润和企业成长的全部和最终目标，但它可以提供一个巨大的机会，让你得以获得对你的客户群体的认识和理解，并提高你对当前客户群的营收能力。老实讲，客户忠诚度是通过持续、定期的营销和行动创建的，而不仅仅是一个策略。

尽管如此，建立一个结构合理的忠诚度计划，能让你的现有客户继续在一个精心设计的忠诚度阶梯上攀爬。这反过来会让你增加最佳客户的收益，并提高营利性不强的客户的忠诚度和收益。不要试图提供廉价的积分和差劲的奖励而浪费这个机会，将此视为更多地了解你的客户及其动机的黄金机会。一个有效的忠诚度计划会把客户的消费数据和行为模式结合起来，以便你能为客户或特定组的客户提供一种更为个性、更具体的体验。还记得你的不同客户原型吗？你能够（并且应该）为每组客户建立具体的忠诚度等级。

你不能买到客户忠诚度，但是如果你不足够重视它，你就失去了一个增加客户留存率、口碑推荐和客户价值的巨大机会。一个有效客户忠诚度的关键在于它使得你能从中挑选出最具价值的客户（正如我们在星巴克的例子中看到的）和价值较低的客户，并为他们分别制定客户忠诚度计划，以此来引导他们的行为模式朝你预想中发展。下面是一个通用的方法，可以让你清晰架构你的忠诚度计划以使它达到效用最大化。我已经帮助了一些企业设计忠诚度计划，使得他们能够确认最佳客户和（更重要的是）那些为巨大增长提供机会的客户。图 7-1 展示的是客户忠诚度的传统模式。

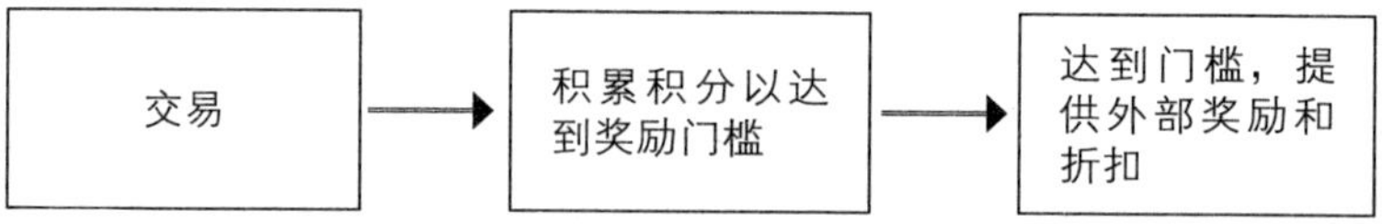

图 7-1　传统客户忠诚度计划

现在，把这一模式与如图 7-2 所示的、当你正确布局忠诚度阶梯时会发生的事情对比一下。

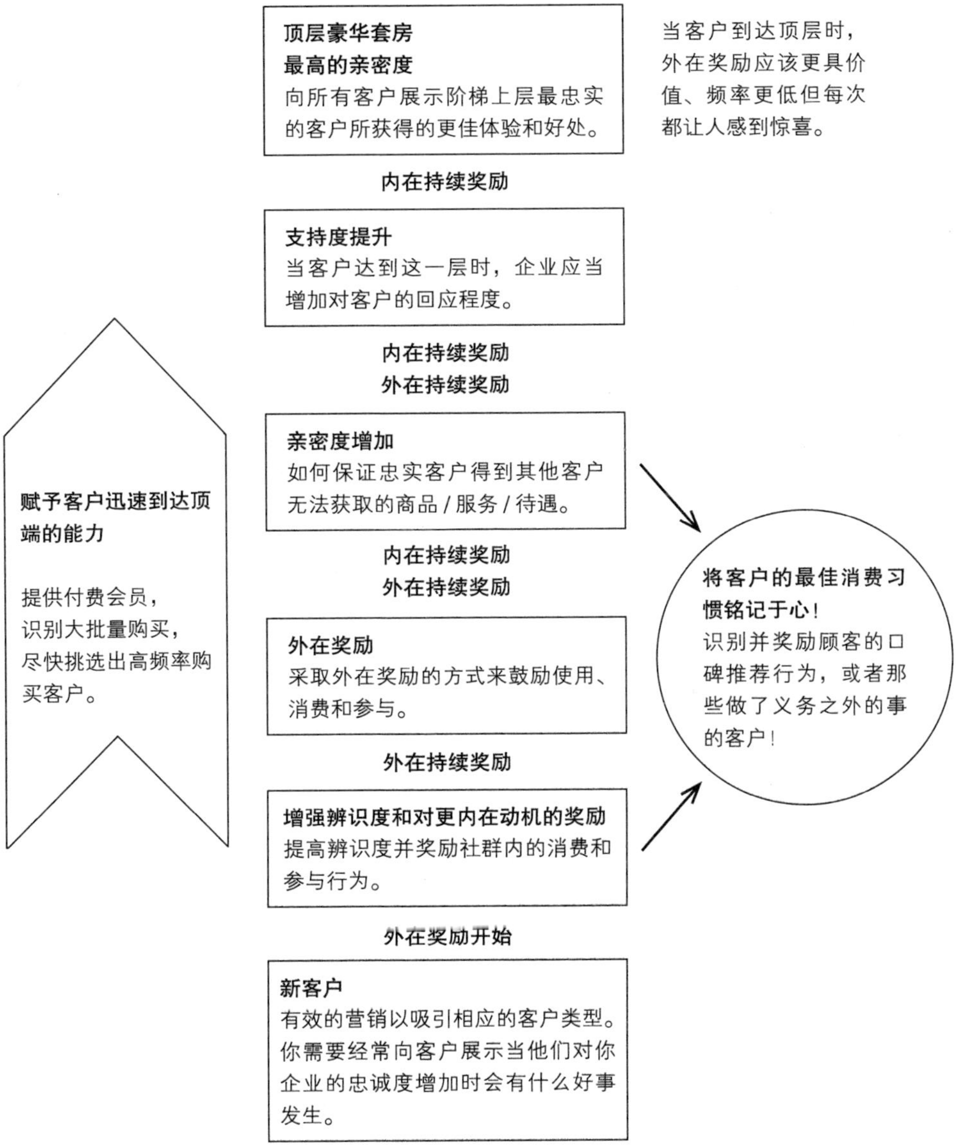

图 7–2　忠诚度阶梯

经过对比，你不想学习如何建立忠诚度的常青阶梯吗？这真的没那么难。你只需要遵循下列六个简单步骤。

第一步：定义你的目标

企业所做的一切都需要精心设计以到达特定的目标，你的忠诚度计划也不例外。正如我们讨论过的，通常忠诚度计划不能获得应得的重视。当然，给人们一张卡片并开始用积分奖励他们更简单，但这不会获得你期望的结果。这也不会帮你建立长期的和常青的关系。首先，你要为你的忠诚度计划阐明目标，它们可能包括：

- 增加客户价值和不同客户群的营利性
- 增加客户数据库的规模
- 增加交易规模和客户消费的频率
- 基于对客户的了解制定更有针对性的营销
- 更长久地保留客户
- 获得更多新客户
- 建立持久的客户关系
- 减少广告和营销成本
- 在客户之间增加口碑推荐

上述所有目标都可以成为绝妙的起始点。但是我再说一次，我提供的这个列表只是你和你的团队（如果你有团队的话）的一个起始点。这个列表需要为你的企业量身打造。制定清楚明确的目标是必要的。当你还没有想好要用收集来的客户数据做什么，或者你对势必扩大范围的消费者洞察没有一个更好的认识，你就有可能冒着以无效的方式制定忠诚度计划的风险。这就意味着你的忠诚度计划数据库可能变为那种所有客户都得到同样的营销、促销活动和折扣的“客户列表”。

从一开始就考虑目标之所以很重要，另一个原因是一旦你开始一个忠诚度计划，你就很难做出重大的改变。一旦你开始给客户卡片或钥匙牌，或者开始发放积分来奖励购买行为，如果没有像你期望的那么奏效的话，终止计划既困难成本又高。此外，如果你在过程中改变规则，那么你的客户一定会对此产生负面反应。

定义目标的意义在于仔细思考你期待的策略所能够取得的成果。你可能不清楚具体想要哪种结果，那也没关系。你的策略应该足够流畅以便发展变化——这是不错的，但是你必须确定自己在往正确的方向前行。

第二步：关注“小数据”而不是“大数据”

忘记“大数据”。关注“小数据”和能够帮助你增强企业的消费者洞见。在你确定整体目标和它们如何适配企业的组织框架后，决定你想让忠诚度计划实施后产生什么效果。这将真正决定需要使用你的忠诚度计划来捕捉的数据类型。我建议从下列数据开始：

- 人口数据
- 购买频率
- 交易规模
- 上一次最近购买

你还需要清楚定义何为“对你企业极度忠诚的客户”。你的定义是基于一定的消费门槛吗？如果是的话，这个数字是多少？你需要仔细考虑你需要捕捉的数据（有时越多越好）。你绝不会想要这种情况发生：当你正要建立一个忠诚度计划时却发现——在拥有上千甚至上百万会员后——还没有捕捉到任何一条重要信息。

第三步：设计你专属的忠诚度计划

每个忠诚度计划都应该包含某些最基本的方面。例如，每个忠诚度计划都必须提供客户他们想要的东西。正如我们已经谈到的，通常你的客户想要来自于基于辨识度的内在福利而不是奖励。这样说来，奖励是一个关键组成部分。想让一个忠诚度计划真正有效，它必须在奖励、优惠、以客户群态度为基准而打造的客户沟通、消费者行为、人口学统计特征和心理学统计特征等方面保持平衡。因此，你需要为客户精心定义福利结构。下面几个问题帮助你思考如何部署你的策略：

· 这是一个以积分为基础的策略吗？如果是的话，客户如何得到奖励？积分是否将转化为现金折扣？或是客户能够用积分兑换到多种优惠？

· 持卡会员享受额外优惠吗？例如，他们在购物时享受即时折扣吗？他们享受免费送货吗？他们享受额外的客户帮助服务吗？

· 你有为那些消费到一定数额的客户准备一些惊喜礼物或福利吗？（提示：你应该有。）

· 你将以多久一次的频率为忠诚会员提供专属福利？

· 你会奖励特定的行为或只是奖励购买？（提示：如果你正在建立社群结构，那么我强烈建议你奖励能为你加强客户忠诚度的消费者行为。）正如我们几页之前谈到的，一些客户仅仅拿着你的会员卡，甚至是经常从你的企业购物，也并不一定意味着这个人是你的忠实客户。

· 不同的客户原型需要不同的奖励吗？如果是这样的话，这些奖励是什么？你需要记住不同的客户原型并为他们建立特定的奖励。也许你还可以让他们选择。这真的不重要。重要的是你为每个不同的群组建立奖励和认可等级。

之后再对你的策略结构进行调整这没什么问题，但是现在，仔细思考和规划（以你目前最大的能力）该如何设计忠诚度计划是至关重要的。

第四步：界定成功的标准

建立忠诚度计划、维护策略和分发奖励，都需要考虑成本的问题。每个忠诚度计划将花费不同的成本。你也需要正确分配时间和精力。（这将是你的主要成本，你还要把占用了的时间和精力成本考虑进去。）考虑到所有的付出，你需要衡量该策略是否值得投资。你需要确定哪些关键标准将被用来衡量策略是否成功达到目标，这将是你衡量是否取得成功或进展的指标。了解你的标准或指标是很重要的，因为这样的话你能随时审查你的投资收益率，并按需调整你的策略。别忘了衡量消费者的行为，比如说增加互动或参与的情况。从直接财务影响来判断忠诚度是错误的。

可以通过回答下列问题来确认忠诚度计划标准：

· 你的客户社群价值正在增加吗？

· 个人会员 / 客户的价值正在增加吗？（例如，现在的客户消费比成为会员前多吗？这个人在你的企业购物更频繁了吗？）

· 你的客户流失减少了吗？

· 你的忠实客户大体上对你的产品或服务感到更高兴、更满意吗？

· 忠实成员是否为社群做出更多贡献？他们更积极吗？

你需要确定你正在积极地衡量和监控你的投入，这样你就能在必要的时候做出调整。

第五步：构建你的策略

除了详细地考虑你将如何认可和奖励你的客户，你还需要思考你将如何构建你的策略。下列几个问题可以帮助你思考：

· 你将怎样引入客户？什么时候引入客户？

· 他们是免费加入的吗？

· 新成员可以得到什么？

· 你会有持续性的沟通或促销吗？

· 每个消费者都将自动成为会员吗？

有时购买一次的人会自动成为一个俱乐部的成员。举一个例子：

我买了一辆新的奥迪。一个月后，我获得了第一份该车的官方杂志。这就充满了价值——这就是由角色和社群同时支持的优秀内容！这给我带来的喜悦远比购买一辆新车要多。我把杂志从头到尾地读了一遍。

几个月后，我又在邮箱里收到一份包裹。我打开包裹看到一个美丽的全彩色文件夹，里面有一张黑色 VIP 卡和公司根据用户资料量身打造的个性化信件。这封信问我对车的感受如何，公司可以为我做些什么。这些材料告诉我拥有黑色 VIP 卡的全部福利，以及我如何使用它来获得免费道路救援和一些其他优惠。在这个案例中，我自动加入了“VIP”计划。这一精心设计的策略是为了让我在情感上与奥迪公司的角色和社群建立联系。这是一个构建良好的忠诚度计划的例子。它是否给你一些如何构建忠诚度计划的启发呢？我希望如此。

第六步：不断给你的客户惊喜

一个基于奖励，甚至是忠诚度等级的客户忠诚度计划的问题在于，策略将会很快停滞不前，大多数忠诚度计划面临这种情况。我是星巴克忠诚度计划的忠实粉丝，现在这个策略对我来说就有点无聊——我已经知道了黄金等级会给我带来什么，每年都是如此，没有什么惊喜。

你需要实时更新你的忠诚度计划，以及与你客户相关的福利。

当然，如果一位客户想要赢得你设定的某个奖励，那么以让客户失望为代价去改变奖励是不值得的。我谈论的只是时不时添加一些出人意料的优惠。客户应该一直感到惊喜。想象一下如果你的顶层客户（比如，顶层 20% 的客户）收到了手写的圣诞卡片和象征你企业感激之情的小礼物卡，他们会多么开心。然而，这个想法可能不适用于纽约（或者任何宗教多样性的大都市枢纽）。在这个案例中，想象一下如果你的首席执行官（可能就是你）亲自给消费最多的 10 位客户打电话，他们会感到惊讶吗？或者如果你邀请消费最高，20 位客户去纽约特朗普休南酒店共进丰盛的早餐呢？不管你在哪里做生意，你不觉得这些想法中的任何一个，比起向整个客户群发送一模一样的促销短信，都是一种更好的营销投资吗？

不管你选择怎样改进你的客户忠诚度计划，只要记住我下面要说的"星巴克规则"（我使用这一术语有点说风凉话的意思，因为星巴克并未遵循这个规则）。永远不要失信于你顶层的、最忠诚的客户，或将他们视为理所当然——但愿你不想，也不要这样做。你可以用你的忠诚度计划作为营利工具，以吸引不太频繁光顾的那些客户和增加低价值的客户的价值。但是也要用它加强与客户的参与感和联系度。

幸运的是，你不需要 600 万的会员数据给你这样的领悟。很高兴这本书帮到了你！

⋆ 第八章　一种全新的客户服务方式

照料你的花园（并拔掉杂草！）

2004年，还是房地产大亨的唐纳德·特朗普试图注册“你被解雇了！”这一短语，但被拒绝了。他做出这样的请求是因为他拍摄了颇受欢迎的电视真人秀《学徒》。回想一下常青企业的第一个C——角色，特朗普把自己的角色发挥到了极致，这是第3章讨论的“脸书上的你”这一概念的典型例子。

你可能问，那么这个故事和常青营销有什么关系呢？好吧，你可以解雇你自己的员工，但是你能解雇自己的客户吗？你怎么会想要这样做呢——特别是当你如此努力之后才争取到那客户的时候。我来告诉你为什么：事实上客户并不总是正确的。

这可能会让你感到意外——特别是近年来与此相反的信息充斥着广播电台。无疑，你已经听过很多关于美捷步的信息了，我在第三章讲了这个大型在线鞋店的故事。但还有更多的故事。美捷步是首席执行官谢家华一手打造出的品牌，他将“让客户感到惊喜的服务”这一想法提升到一个全新的水平。基本上，美捷步将类似这样的标语列入自己的员工手册：“任何让客户感到开心的事我们都要去做！”。他们做到了！有关美捷步的几十个故事经常在媒体上出现：从十小时的客户服务电话到让客户服务代表为客户订比萨，美捷步还从单亲家庭中收回数百双鞋。我上次查证时，在亚马逊上有44 本书以“美捷步”为标题，还有 5000 多个额外的客户服务相关的书籍，分析了该企业的成功案例。

在几乎每位营销和客户服务专家加入“让我们写一本以美捷步为模型的客户服务书籍”之列的时候，对话就变得有失偏颇。真相是，美捷步的方式不是唯一的出路——很可能不是你的出路。事实上，谢家华本人在《奉上幸福》一书中透露了做生意的一点“肮脏的小秘密”：不是每位客户都值得保留。谢家华写道：“要认识到，你完全可以解雇那些贪婪的或者伤害你员工的客户。”

在本章中，我将讲述大部分企业不敢讨论的问题，例如你应该解雇什么样的客户。一个简单的事实是企业通常花费时间、金钱和资源来留住客户，满足那些早该被解雇的客户的无理要求。正如我们要修剪树的枝叶来保证它们的健康，让它们长得更好，企业通常需要出于相似的原因减少客户。我将为你（或者你的团队，如果你有团队的话）提供应对“发怒的客户”的方法，确定投诉、批评和反馈的正当性的模式；并且告诉你哪些客户不值得保留。相比于之前了解客户服务和其他客户相关问题的细节的章节，这一章更具策略性。

允许自己解雇糟糕的客户

在第一章中，我提到这是企业经营将深刻变革的时代。我们的客户比以往更聪明——他们对于表达、期待和要求特定合作方式的能力，尤其是筛选与自己合作的企业的能力更上一层。企业为了生存必须以一种全新的方式思考客户及其体验。然后我问，“那么下一步是什么？”

我的问题有一处不妥。你发现了吗？我犯了几乎每个人都在犯的严重错误。但是我发现了自己的错误。我们都知道客户已经变了，这不是什么爆炸新闻。我们都知道我们生活在一个新型联系的世界，我们的客户正与他们不认识的人对话，与彼此对话。我们都知道当企业犯错误的时候，客户能第一时间在社交媒体上发难。我们都知道有些客户认为他们已经对我们做出了惩罚，他们在商户点评网做出了负面评价，对着我们的客户服务团队电话大喊大叫，因为我们可能发错了产品或花更长一点时间才能交付产品。

但是回到第一章，我犯的错误不仅是我问了错误的问题，而且我也回答了这个问题。你还记得我如何回答“下一步是什么”这个问题的吗？我说我们都需要变得更以客户为中心。我本可以就这样置之不理了——但是这会使我和那 5000 多位打算把美捷步写到他们书里的专家没什么两样。

现在是时候更仔细地阐述我说的以客户为中心是什么意思了。我认为我们需要清楚我们的最佳客户是谁，但是我们也需要清楚我们不想要哪种类型的客户。此外，我们要有勇气解雇那些客户。这是理由：还记得在第一章中我们讨论了客户的真正价值吗？我提及了帕雷托法则，也叫 80/20 原则。简而言之，几乎 80% 的结果都源于 20% 的行动。换言之，你的数据团队能告诉你顶尖的 20% 的客户是谁。这些客户可能为你 80% 的利润负责。当谈到客户服务时，这些才是你真正应该投入时间、精力和资源的客户。

但是从另一个角度看待你企业的数据，你将发现帕雷托原则依然适用。你的数据团队应该能确认谁是创造你 80% 麻烦的 20% 的客户。这些就是你应该解雇的客户——这样做是可以的。事实上，你应该为了你更好的、更忠实的客户这么做!

既然你已经允许自己解雇你的糟糕客户了，现在是时候把他们清点出来了。让我们开始清理客户。

决定你应该解雇哪些客户

当谈到解雇客户的时候，我自己有几个简单的原则。那些粗鲁的、种族主义的、性别歧视的甚至粗俗的客户应该马上打包走人。给这些客户解雇通知书，在这些情况下别担心营利；你应该更担心自家员工的士气。同时，如果客户服务变得更为激烈以至于我们的员工都发了脾气，我们也必须防止他们对客户做出粗鲁、种族主义的、性别歧视的甚至是粗俗的言论。毕竟，这是一条双向的法则。

当谈到客户服务的时候，有些人能彻底地让人感到厌恶。从历史的角度讲，电话允许人们展示了他们令人讨厌的一面，因为人们不必看着任何人的眼睛。然而，互联网把这一动态过程上升到一个全新的高度。近些年，“键盘侠”和“互联网巨魔”数量激增。这些是指当事情走向一旦不对就会被点燃怒火的人。我们都在网站上撰写关于产品和服务的评论，有时很难知道人们会写什么——那就让他们去吧！这些客户不值得你花费时间甚至给予回应。这一点我全心全意地相信，即使这个错误原本是你犯的。

既然我们已经审视了一定会出现的不值得保留的客户，让我们审视其他客户，这些客户是你需要做一点研究才能确认的。你将面对两种即将解雇的糟糕客户：“问题儿童”和“饥饿的河马”。这可能听起来不太愉快，但是允许我为你一一介绍。

“问题儿童”客户

“问题儿童”指的是贪婪而且永不满足的客户——不管你做得多好。这种人很简单，不管是什么原因，他们都不满意。一些人正是如此。我们都知道“问题儿童”——他们总是在抱怨人们在占他们便宜，或者他们在抱怨一件或另一件事。从本质上讲，他们要么无法被取悦，要么不可能让我们感到他们满意。

在大多数企业中，这些客户是最容易辨别的。他们往往是价值最低、对价格最敏感的客户。这些客户几乎不可能展示出真正忠实的客户品质。他们不会对你为客户创造的情感共鸣体验而着迷。事实上，恰恰相反：“问题儿童”通常会长大，然后变成“饥饿的河马”。

“饥饿的河马”客户

在经典的孩之宝（Hasbro）棋盘游戏“饥饿的河马”中，玩家们纷纷按压操纵杆来使他们的河马“吃”大理石。谁的河马吃的大理石最多谁就赢了。每个企业都充满了“饥饿的河马”，而且个中原因很大一部分应该归咎于我们自己。毕竟，是我们一直喂他们“大理石”。我们很多人都惊讶地发现，即使营利的客户也并不总是值得保留的——因为他们是“饥饿的河马”。虽然这些客户从重复访问/购买的角度可能被认为是“忠诚的”，但是他们也意图将你吸干，以确保他们花的钱是值得的。

服务这些客户的成本要比其他客户高很多，哪怕他们有时是那些消费更多的客户。你看，即使一些人可能是“伟大的消费者”，这并不一定意味着他们是“高价值”客户——特别是在我们并不清楚这些客户的实际维护成本的情况下。一些客户提出过多的服务要求，或者滥用产品消费和使用限制。这意味着，当谈到发展你的企业时，有时关注不太营利的客户会更有益。

思考下列例子：零售客户买了一件外套，穿过之后又退货（有这种情况！）；电子书购买者在一两天内读完了书，然后要求退款；餐厅的顾客无理要求“无限续杯或比萨饼自助”。每天，企业都在迎合“饥饿的河马”。问题是“饥饿的河马”试图占你的一切便宜——要服务他们，你的企业就要付出极大的代价。让我们看一下另一个“饥饿的河马”的例子以及他们如何经常试图“多吃多占”，即使对大企业来说，也是如此。

一个著名的例子是2007年斯普林特公司（Sprint）取消了1000多名客户的账号。起初，这一决定似乎像一出闹剧。一家企业怎么能做这样的事？一家企业怎么能因为呼叫客户支持就解雇付费的客户？我们后来得知这些客户实际是“饥饿的河马”。他们一直给斯普林特公司打电话，声称他们接受的服务很糟糕，以此骗取公司免单或打折。斯普林特公司认为这些客户简直是在欺诈——事实上他们很可能就是在欺诈。

“饥饿的河马”将继续利用漏洞并找到任何多拿少给的机会。有人这样做，这不是秘密。一些 APP 会提供企业的电话号码和服务协议逐字脚本，人们可以直接给公司发电报、打电话和公司热线，还能就其合同进行谈判交易。 当然，许多合同中有“回旋余地”。当我们取消了一个服务，如出租车公司的订单，后来公司就会打来电话，并提供很大的折扣请我们回去。我们大多数人都在无意间体会过这些。在这种情况下，你可能会发现自己在想，如果我现在可以每个月支付 29.95 美元，为什么我过去七年都每月支付 89.95 美元？ 唉，回旋余地本身超出了我们现在讨论的范围。这里指的是有些人会占企业政策的便宜。

我之前描述为世界上最以客户为中心的企业之一的亚马逊公司也使用数据来解雇“饥饿的河马”。一位用户在蓝光网站的留言板上分享下列体验，然后收到了一封来自亚马逊的邮件，邮件上说这位用户的账号因为过多的负面抱怨和反馈被封了：

你好！

仔细审查您的账号后，发现您的大部分订单由于种种原因请求替换或退款。

在正常的业务过程中，我们预计有时会出现这种问题。但是，这种问题发生在您账号上的概率不同寻常，这种情况不能继续下去。您的亚马逊账号已关闭，这将立即生效，您将无法继续在我们的商店购物。

所有与您相关的其他账号也已关闭。 如果您申请一个新账号，也将被关闭。我们不会接受新账号下任何订单的退货，我们不会为这些订单退款。感谢您的合作。

未来有任何问题请您将邮件发送到cis@amazon.com。请不要联系亚马逊的客户服务部门，因为他们将不再服务您。

最好的祝愿。

账号专员

Amazon.com

我们讨论的这位客户声称事情不是这样的，就像斯普林特的客户声称他们不是在欺诈公司一样。当然，我们永远也不知道完整的故事。我们也不需要知道。一个简单的事实是，有时解雇一位客户对企业业务有好处。如果你是企业所有人，我想让你意识到有很多关于客户现在正掌握控制权的说法，但是如果你的企业想要发展壮大，那么你需要保持企业的控制权。亚马逊和斯普林特正在对付它们的“饥饿的河马”，你也应该这样做。

一会儿我将向你确切地展示如何尽可能雄辩地处理这些情况。但是首先我想确信你非常清楚你一定想保留的客户类型。

你最不营利的客户

既然我们已经确定一些客户需要被解雇——而且是马上被解雇——那么是时候换一个角度了。你看，过去几年间，一些专家建议企业拥有两种客户类型——高价值客户和低价值客户——我们只需关注前者。同样是这些人一直在说我们需要解雇最不营利的客户。而我反对这一做法——强烈反对！

如果你一开始认识到每个与你做生意的客户都有巨大的潜在价值，那么你不会简单地做出决定解雇目前低价值的客户。相反，你需要培养他们。正如我们在上一章看到的星巴克的例子，低价值客户能够——通过正确的营销——转变为高价值客户。

还记得在第一章中我们讨论一些企业竟然愿意以最有价值的资产进行赌博吗？事实上，许多企业在判断中都犯了这个重大错误。你的客户群决定你企业目前的价值。此外，这份资产（你目前的客户）是你企业期待的未来价值（由现有客户的预期利润和他们产生的任何新生意/口碑推荐来衡量）的主要来源。企业应该基于现有客户的潜在未来价值来考虑现有客户的价值。同样地，如果企业将收集的数据分组并以一种全面、有策略的方式推进计划，那么它们也将知道营销努力要集中在哪些客户上（以及如何营销）。

当心不要陷入简单地基于客户的可见（现有的、低的）价值而解雇客户的陷阱。继续前进，解雇“饥饿的河马”和“问题儿童”。他们才是不值得你付出时间、精力和金钱的那些人。但是你不太营利的客户呢？他们总是值得你的努力。

重新定义客户服务

我们都经历过那种“想让我们把头发都揪光”的客户服务。你还记得上次当你与一家企业进行互动时，他们是怎样糟糕地对待你吗？你可能被告知“你的电话非常重要”，然后他们让你等待了三十五分钟。你可能在商店里被粗暴对待。我们都有这样的经历，即使是那些声称“以客户为中心”的企业也是如此。企业声称关心我们，但我们一定没感觉到。最终我们感觉这一切都是个巨大的骗局。

许多企业的客户服务是破裂的，并且几乎无法修复。这些企业将客户服务简单地视为开展业务和销售内容的必要负担之一。许多企业甚至把客户服务分包给最便宜的投标者或者干脆在劳动力廉价的外国建立客服中心。只要有人在回电话——多聪明的主意！但是这些企业真正能提供服务、提供值得讨论的服务吗？说实话，与其让这些企业提供它们所谓的“服务”，还不如干脆不要他们提供客户服务。

糟糕的服务不仅仅发生在国外的客服中心。当地实体购物场所的服务也是令人震惊。就在我开始写这一章的前一天，我走进当地商场的一家店，想为我的妻子买点东西。在柜台的年轻女子正在关照我前面的客户时，我在排队等候。我很快发现他们认识彼此。他们开始讨论好市多牌（Costco）食用油家庭装的价格变化，然后讨论比尔叔叔，然后这位职员提醒她的客户不要告诉别人“萨拉的那件事”。他们的交流持续了大约五分钟。在支付完成后，这位职员从柜台里出来和客户拥抱亲吻——与这个客户开始进入全新的一轮对话——而我一直在等！不用说，我觉得不怎么样。

这有一个略有不同的例子。我和妻子买了一栋新房子。在交易前和交易过程中，我们被每位销售所展示出的明显的、真诚的善意所感动。然而，交易结束后的第二天，我们从来没有再见到那些人中的任何一个。要记住的一点是，客户满意度、服务和支持的努力应该贯穿交易前、交易过程中和交易后。客户服务是企业声称最为关注的事情；但它是世界各地企业最忽视的一个方面。所以我们来回顾一下基础知识。

为什么失去客户的代价非常高昂

失去客户的代价非常高昂。每当一位客户（新的或现有的）迈入你的企业时，就意味着企业大量的潜在价值和金钱正向你走来。我不是说在字面意思上“走”进你的前门，我是说迈入你企业领域的任何人——他们可能是通过电子邮件或在网上“进来”的，他们也可能是给你打电话“进来”的，这些都不重要——不管他们以哪种方式到来，这位客户都代表着巨大的潜在价值。

损失的每一位客户确实将花费你数百、数千或可能是数十万美元。但是这并不是全部，因为老客户会为你的企业介绍和推荐新业务。所以，如果你失去能够推荐其他客户的那种客户，那么你的损失将翻倍。但是事情往往更糟糕——体验到负面服务的客户往往会告诉其他人，这种情况会经客户共享信息的社交媒体和其他方式而放大。

实际上，这意味着你需要找一位新客户——或者可能是二十位新客户——来代替损失的一位客户的当前和未来价值。我们都知道相比于照顾一位现有客户，寻找一位新客户要花费更多的钱。在弗雷德里克·赖克赫尔德的《忠诚度效应》（第七章中简要提到过）中，他指出如果客户留存率增加 5%，现有客户价值能够增加 100%。

为什么有些客户服务是破碎的

许多企业都有客户服务政策。问题是这些政策常常缺乏最基本的常识。你自己有多少次亲身体验过企业的某种服务错误，一个微小的变化可能会影响到保留你这个客户还是失去你这个客户？在互联网早期有一个关于麦道克斯的经典故事。麦道克斯是第一批最具影响力的博主，他维护一个域名为 thebestpageintheuniverse.net（全宇宙最好的网页）的网站，这个名字十分低调（一点都不自大）。该网站拥有数百万读者。在 2004 年或 2005 年，他分享了在旅游网站沃比茨（Orbitz）上的糟糕的客户服务。

我不想剧透整个故事，因为它值得你亲自一读——简而言之，麦道克斯只想要一件事——真诚的道歉。没有人愿意给他道歉。这个例子展示了一位不满意的客户如何能够对数不清的人复述他或她的故事。谨记，这还是在社交媒体让信息更快、更远地传给更多人之前发生的。

相比于实施客户服务政策，你更需要发展一个员工激励政策——赋予员工信念、信任和能力来运用其判断并做出最佳决定。你可能需要给你的员工额外培训，使他们摒弃客户服务政策的思维；给予他们简单的指导方针和条款，引导他们为客户做出最佳决定——你需要告诉你的员工如何做才能取悦客户。

别担心。我不是建议你的员工迎合每位客户的需要和要求——远非如此。我建议：你需要决定你愿意做到什么程度，愿意付出什么代价。你需要决定给员工多少灵活度和权限。简而言之，我建议你在处理客户服务时运用常识——并让你的员工也这样做。

管理客户期望值的重要性

如果你想要维持企业常青，你需要确保客户的需要得到满足，甚至超出他们的期望。谨记，这并不意味着每位客户都能得到自己幻想的一切，但这确实意味着你应该愿意超过大多数企业认为的“标准客户满意度”。满意度何时足够呢？事实上，客户想要的根本不是“满意”——他们想感到惊喜、兴奋且极大地超出自己原先的期望。为此，你需要减少对业务增长的关注，并增加对价值的关注。当你理解到做生意并非马上赚大钱，而是满足客户的需求并大大超过他们的期望，那么你的利润一定会狂飙。

企业市场地位的得失基于它们精心控制客户期望的能力。让我举一个例子——以西南航空公司为例：它一直被评为世界上客户满意度最高的航空公司。但是为什么呢？西南航空公司不接受提前预订座位，想得到最好的座位要经过一番争抢甚至踩踏，乘客在飞行期间没有饮料，飞机也没有头等舱。

秘密是什么？好吧，其实很简单。西南航空精心地将自己定位为一个低成本、不做作的航空公司，并十分小心地管理着对其服务的期望：“如果没有上帝干预的话，西南航空将准时将您送到目的地。”当登机门关上，飞机开始在跑道上起飞，而人们仍然忙着在安置自己的行李——这是多么大胆啊！当然西南航空的方式并不适合所有人，但它适用于自己。

美捷步则恰恰相反，我可以“疯狂”地说美捷步没有成功——美捷步花费大力气提供客户服务的故事已经获得了大量宣传，顾客对其的期望已经确立了，对美捷步来说就没有回头路了。但是和西南航空一样，美捷步的方式也不是唯一的，而且很可能这两者都不是你企业需要的方式。

你需要精心管理你在客户头脑中创造的期望。这个建议应该应用到你全部的营销和争取客户的努力中——并且，更重要的是，应用到你保留客户的努力中。客户需要知道他们对你的产品和服务的期望是什么，以及你将提供的支持类型。（在他们与你企业互动之前、之中和之后。）超出期待的一切会产生魔法——但是承诺得多，做到的少会带来灾难。

确定投诉的合理性

在着急讨论如何评估投诉的合理性之前，理解人们投诉的原因会大有裨益。我认为，人们投诉是出于两个基本原因：首先，他们想要一些免费的东西；（我知道这么说是残酷的——但这是事实。）其次，他们体验到不便、恼怒或类似的情绪，他们想把不满告知他人；此外，他们想获得一个道歉、一个改变的承诺和你的后续行动。

如果我们意识到我们往往是在回应这两种冲动中的一种的话，客户服务就能够简化。

我们似乎渴望把客户服务和管理我们名声的艺术转化为比其本身更多的东西。我们为如何处理每个可能的场景编写手册、聘请费用高昂的公司管理我们的社交媒体资料（这种方式通常不能有效做好——如果这些外行的公司不能真正掌握每个企业的角色和声音的话）。我会帮助客户建立一个更简单的模型来确定批评的合理性。当我培训客服、销售和社交媒体团队如何培养品牌忠诚度并处理客户问题时，我都会在一个特定的场景中训练他们。我向他们展示如何准确地回答下列问题：这个投诉、评论、反馈或是回顾，是合理的还是不合理的？

下面是我为本书虚构的两个评价。目标是首先确定评论、反馈或是投诉是合理的还是不合理的：

评论 1：我们刚从纽约时代广场中心的芬名酒店回来。我们很震惊！我们晚上 7 点上床睡觉，隔壁很吵。在整个逗留期间，外头的灯光一直在闪。房间里有暗舱帘，但是它们根本什么都遮不住。这是我和我老婆一生中睡得最糟糕的一晚。我问前台的柜员（顺便说一下，他没什么用）他打算为我们做什么，我们什么都没得到。没有免费过夜，没有免费的食物——什么也没有！毫无疑问，我们永远不会再来了。

这个评论是合理的还是不合理的？

回答：不合理。决定待在纽约城时代广场的中心意味着你在某种程度上理解你将在“不夜城”的中心度过一晚。这不是说客户没有权利享受一夜好眠，而是晚上7点在喧闹的剧院区期待安宁是不现实的。因此，这个投诉是不合理的，就应该这样处理。

评论2：我们刚刚从北卡罗来纳州山区据说是“精美五星级”的弗雷明住宿 & 早餐酒店回来。我们每晚支付650美元。当我们到达房间时，我们的床没有铺好，浴缸里有一堆头发。柜台的那位女士在我们所在的整个时间都在打电话。即使我们站在那里等待与她讨论我们房间的状态，她还是把时间都用来打电话了！我不能想象她周五晚上的计划比客户更重要。毫无疑问，我们永远不会再来了。

这个评论是合理的还是不合理的?

回答：合理。任何一位在据称是“精美五星级”酒店花650美元住一晚的客户都值得与这些期望匹配的体验。在这个案例中，需要用几个方法解决投诉。首先，管理层需要承认投诉并对客户道歉。如果是在我的企业，我会打电话道歉——不是发邮件也不是在像猫途鹰（TripAdvisor）这样的评论网站上回复。与客户亲自接触是至关重要的。其次，我会向客户解释这个情况是如何解决的。从本质上讲，你需要让客户安心，对他们表明自己企业出现了这种行为——或者无论什么特定的情况——都是不可接受的，并且你已经采取必要措施以保证未来的客户（包括向你提出问题的这位客户）不会再有这种体验。再次，我可能考虑以某种方式补偿这位客户——如果让客户免费住一晚，我会保证在客户第二次光顾时安排他们比第一次光顾时更优先的待遇。我也会持续关注客户，以确认一切达到标准。

成功客户服务的关键在于谨记你已经创造的、与内容有关的期望——然后实现这些期望。

回应合理的和不合理的投诉

既然我们了解了确定投诉或客户服务需要的合理性，那么用工具和知识武装我们的服务团队以便于他们正确回应这些服务需要就是至关重要的。图 8-1 提供了一个简单的诊断，这个图表可以用来处理你企业收到的投诉、批评和反馈。。

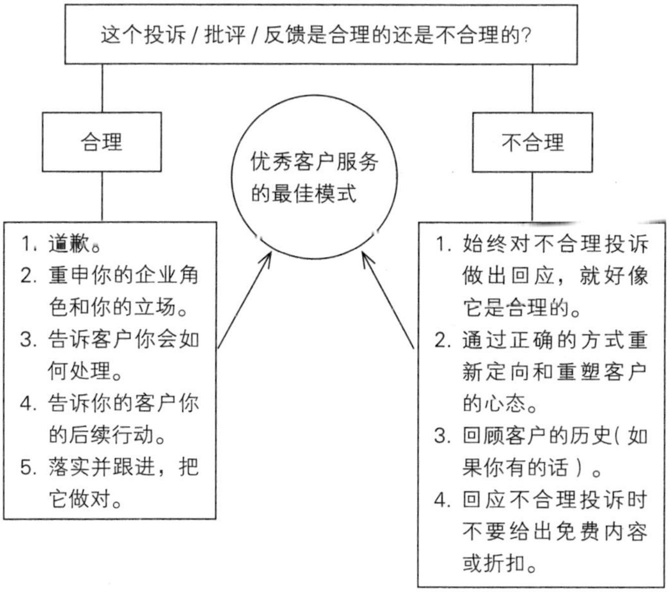

图 8-1　客户服务常识表格

不合理投诉：始终对不合理投诉做出回应，就好像它是合理的。我的意思是：客户想要知道他们被聆听和认可。即使是你的“饥饿的河马”和“问题儿童”都应该得到承认他们的回应。然而，注意不要用免费的内容或折扣应对不合理的投诉。你可能像斯普林特公司一样保留一个这些请求的历史记录，但关键是以符合该请求的有效方式（见下一部分）来回应初始服务请求、投诉或反馈——即使它们实际上是非常不合理的。简而言之，始终通过正确的方式重新定向和重塑客户的心态。

合理投诉：回应一个合理投诉很简单。你需要设计你的过程，以确保回应始终能解决下面五个关键方面的问题：第一，道歉。第二，重申你是谁——你的企业角色、你的行事理由以及你所代表的价值。第三，陈述你将如何处理这个问题。第四，阐明你的后续行动。最后，落实并跟进。简而言之，调整局势以最大限度地减少合理投诉再次发生的可能。

处理你的客户服务工作不需要很困难。显然，你可以做更多的事情，但这种常识方法可以在几乎任何规模的企业中调整和使用。

审查你企业的弱点

在经营企业过程中，每个企业都将在某些时候应对不愉快的客户。这是不可避免的。其实大多数的企业都夜以继日地处理与客户服务相关的问题。相比于问自己如何能够提供更好和更有效的回应，也许你还想问，如何一年一年地减少与客户服务相关的问题，答案是什么？

联邦快递（FedEx）的创始人之一迈克尔·巴斯克认为联邦快递成功的关键因素之一，是一个叫作“客户恐慌等级指针”（Hierarchy of Horrors）的理念。我从之前提到的我的好朋友和营销天才肖恩·韦尔特曼那里第一次接触到这一理念。巴斯克在他的书《客户文化：联邦快递等杰出公司是如何日复一日把顾客放在第一名的》中写到客户恐慌等级指针。实际上这可能比这本书里写得更可怕：基本上讲，这一理念是通过一个很短的联系来年复一年地极大改善你企业的表现。

这是联邦快递所做的：联邦快递的高管创建了一个企业可能搞砸一次客户服务的“八个最糟糕的事例”清单，如错过预定的收件，损坏客户的包裹，丢失包裹，送到错误的地址，迟到等等。这八个关键问题领域中的每一个都是以短期内的简易清单衡量的。例如，每次包裹丢失时，他们打一个钩。如果一位客户因为一个包裹被损坏而打电话，他们再打一个钩。 如果交货迟到并且有人投诉，再打一个钩。

然后，联邦快递的高管将结果加起来，根据各种恐慌为客户造成的痛苦程度把这八个关键领域列为糟糕、更糟和最糟。联邦快递然后系统地从最高到最低优先级应对这些问题。一次只解决有限的事项，是联邦快递能够更好解决问题的原因。由于公司发现包裹延误是最令客户不满的，联邦快递就把精力集中于此，这样极大地提高了交货时间。

如果你想要改善你的客户服务，我建议你至少一年使用一次客户恐慌等级指针。它是一个简单的四步过程。它是这样实现的：

第一步：列出你的企业可能搞砸的最糟糕的事情

你的企业能搞砸的最糟糕的事情是什么？列出五到八件经常让你客户失望的事情。当联邦快递完成其客户恐慌等级指针时，行政团队主要负责制作列表。这是一个开始的好方法，但是也要让客户服务部门的员工加入头脑风暴的过程，给他们机会复述从客户那里听到最多的抱怨是什么。同样地，让你的员工为对话做贡献。

例如，如果你拥有一家餐厅，你的列表可能包括食物烹饪得不好、服务员搞错订单、客人重复预订等。如果你是野营车经销商，你的列表可能包括未按交货日期交付、客户没有完成交货验货流程就把车开出经销店、销售代表的追加销售做得不好。一家技术服务公司可能搞砸的最大事情包括意外或计划外的服务中断和停工。一家钢铁制造商可能会意识到其搞砸的最坏情况包括为客户运送一堆生锈的钢板、货物缺斤少两或在预计出现大量货物时与客户沟通不当。

现在你懂了吧。你发现你的企业“可能搞砸列表”里都有什么？

第二步：在三十天内衡量搞砸的事情

建立一种尽可能简单的方式来衡量这些被搞砸的事情多久发生一次。你可以仅仅创建一个一页的文件，每次有事情发生或者和客户进行日常调查的时候登记一下；你可以委任每个部门的某位员工在发生错误时打钩；或者更好的是，你可以让部门外的某人监控错误。关键在于建立一个体系来衡量每个错误发生了多少次。

谨记以下重要问题：并不是所有错误都将会发展成客户投诉。例如，联邦快递主要关注的是影响客户体验的内部失误，这些失误都对企业营利有直接影响。联邦快递想知道送货卡车多久迟到一次，或者包裹多久被粗暴对待一次。因为每次出现类似错误的时候，给企业造成的损失都比单一的投诉要大。

真正开始寻找这些问题并且把它运用到常青概念中。如果你的企业不断地犯同样的错误，你认为你的客户会留下不走吗？毕竟，如果其余的客户体验不符合标准，那么你的内容有多好真的不重要。

第三步：梳理你的结果

和你的团队成员坐下来仔细梳理那些你们搞砸的事情。思考你正在讨论的“客户恐慌”——那些你们可能犯的最糟糕的错误——它们都将让你感到这是大事情，但是现在你需要给它们划分优先级，重新洗牌来将它们从糟糕程度的顶端列到低端。

如果你不能决定如何划分优先级，那也别烦恼。思考下面一些问题：某些恐慌是不是不仅从客户服务的角度搞砸事情，还同时从运营角度也搞砸事情？一些问题给企业带来的损失是否比另一些更大？例如，当我问一位制造业客户关于他企业的恐慌时，他答道，大订单交货不足是企业所犯代价最高的一个错误，有时会为企业造成上万美元的损失（除了让客户大为失望之外）。这足够成为高度优先的改进领域，你说呢？

第四步：审视你的路线图——开始行动

现在你已经拥有一个详细的路线图来解决你企业需要调整的问

题。设定一些目标，用以改进每个问题可能产生的“客户恐慌”。你还可以让特定部门负责减少恐慌发生的次数。

你需要确立减少客户恐慌的责任制。如果一个部门每天两次犯同样的错误，看看是否能快速地将错误的发生减少到一天一次。此外，你应该从负责减少客户恐慌的人员那里建立和接受反馈。有时你的员工或队员可能提议一些关于显著减少客户恐慌的方法。所以问题是：你是否有一个体系，能够让团队成员通过它提供反馈并采取行动？

这是一个如此简单的模型——然而也是能为你的企业带来显著影响的模型。你是在为客户上演一幕让他们面带微笑离场并有更多期待的电影，还是在上演一幕惊吓演出？

为何真实性如此重要

在营销界有一个关于“蟑螂信”的经典故事。它名气很大，甚至在 Snopes.com 上有自己的词条。Snopes.com 是一个受欢迎的网站，上面发布一些流行的故事。Snopes 认为“蟑螂信”是纯粹的城市传说——这件事可能已经发生在某个时候、在某人身上、某个地方，但细节是如此的模糊，以至于无法考证。

不管它是否实际发生了，这个故事是值得重述的。我听过很多次，每次的讲述方式都不相同。这是其中一个版本：

一名男子登上从纽约到巴黎的昂贵国际航班。飞行一小时后，乘务员开始分发晚餐。这个男人的晚餐到了，他先拿起一份带橘子和腰果的精致沙拉，他打开包装，倒出并开始搅拌沙拉。就在这时他看到了它！我们可怜的乘客在沙拉的底部找到一只大黑蟑螂。乘客迅速通知乘务员，乘务员不断道歉。乘务员为他提供了一份新的沙拉，但乘客感到恶心，什么都不想吃了。在余下的航程中，乘客无法忘记这个体验。他在座位口袋里发现了一本航空公司的小册子，航空公司总裁认为让客户满意是这家豪华航空公司的首要任务。为了打发时间，他写了一封愤怒的电子邮件，通过空中无线WiFi直接发到航空公司的总裁那里。

三周过去了，这个体验仍然挥之不去。这位乘客告诉他能告诉的每个人沙拉里出现大蟑螂的故事，他也告诉每个人他如何给航空公司总裁写信而没有得到回应的故事。后来一切都变了。有一天，联邦快递带来一封信。他研究了一下，很快认出这来自ABC航空公司总裁办公室。他既惊讶又有些兴奋，他打开看到一封来自总裁的写在官方信纸上的信。信的内容如下：

亲爱的琼斯先生：

听说您最近在我们公司的航班上有一个不愉快的经历，我很震惊。我想让您知道，您的体验不是常态，我们正在竭尽全力确保这不会再发生。事实上，我们已经暂停了您之前航班的服务，并为整个飞机消毒了。此外，我们和餐饮公司一起跟进，以确保质量控制部门大幅度改善。

我知道我们不能改变已经发生的事情，但是我希望您相信我们正在认真聆听和处理这件事，我希望您能再次乘坐我们的飞机。

此致

鲍勃·琼斯

ABC航空公司总裁

这位乘客感到吃惊。他难以置信。一家企业不仅听取客户的意见，而且实际上做了一些改变。想象一下——他能够单枪匹马地阻止一架747客机！他站起来，把信放在厨房的桌子上，忍不住微笑了一会儿，品尝着甜蜜的胜利。就在那时，他注意到一件事：在信的背面，他看到粘着一个像黄色便利贴的东西。他把信翻过来，读了上面有咖啡渍的便利贴："玛丽安，给这个混蛋送蟑螂信……鲍勃。"

就在这时我们的乘客知道了企业并不真正在乎他或她的体验，他只是接到了所有在食物里发现蟑螂的可怜乘客都会接到的标准形式的信而已。

这是一个极端的例子，原故事是真是假都不重要。重要的是寓意：在我们所处的时代，企业在与客户打交道时，依旧在建立体系、捷径、宏指令和自动回复来处理最重要的事。现在的企业假装人性化和真正有人情味，但是它们依赖于形式信件和预置回应来处理常见的客户问题。

好消息是，做到理想中的真实永远是不容易的。当你渐渐明白你的企业角色是什么和你想如何被客户和潜在客户看待时，你就更容易真实地对待那些想和你做生意的人。当你理解，对待客户服务不需要像对待艰难学问一样，它只是确保客户体验与他们获得的承诺相一致的简单过程，那么你的理解就一定是正确的。一直以来你是真实地与客户沟通还是给他们发"蟑螂信"呢？

谨记我们提供客户服务的目标是爱我们的客户、以诚相待、尊重他们，并允许他们与我们的企业一起成长。这样做将极大地增加你企业常青的可能。

* 第九章　收集客户信息

审视每片叶子的植物学

虽然新客户对企业的发展至关重要，现在你应该知道争取新客户毫无疑问是发展企业的最难和最昂贵（而且是最令人筋疲力尽和无效）的方式。事实上，我的观点将更进一步：我深信许多企业因为有这样落后和短视的发展观点而从内到外地毁掉了自己。

我不是建议你完全忽视“新客户”。远非如此，我只是希望你到达我在第一章中提出的常青营销平衡。本章将讨论如何对你的企业系统地进行仔细、严格的内部审视，以便通过保留现有客户发展企业。毕竟，你的现有客户是大量业务潜力的来源——相比于追赶新客户，你的时间和金钱最好花在现有客户维护和建立更强的联系上。这对任何企业的任何阶段来说都是至关重要的，理由如下：相比于新客户，关注现有客户将让你更快更容易地产生新效益。在你的企业中建立一种“保留——建立关系”文化，保证使每位客户的潜在价值最大化。

但是要记住，每位现有客户在某一时刻都是一位新客户。你需要确定你能够建立正确的体系以使新客户能与你的企业一起成长。

本章将会帮助你建立这种体系来实现这一目标。但是，让我们先处理那些客户主动给出的“福利”……

认识到何时客户会“给小费”

还记得瑞秋·布朗的“需要一块蛋糕”店的故事和它与“团购”网的灾难体验吗？我认为像“团购”网这样的以促销为基础的工具在吸引新客户方面非常有效。然而，作为一家企业，你需要在你开始利用这个机会之前就想好你需要达成的目标。你也需要完全准备好应对新客户的潜在冲击。否则，你就有失去一切的风险。那些成功运用这种显著营销的企业和没有成功运用这种营销的企业之间，差别很大。

我买了很多超划算的折扣券并且享受了大多数的优惠。然而，我也常常对交易后企业所放弃的“小费”（换句话说，企业因未采取行动与我建立长期关系而放弃的潜在未来利润）的多少而感到震惊。不论何时，当我去一家足够吸引我尝试的餐厅吃饭，餐厅都没有利用这个机会试图了解我或把我的细节加入某种数据库中。餐厅老板们完全错失了良机——他们并不注重系统性地与我建立关系。相反，他们依赖于内容让我再次光顾——正如我们所知，仅靠内容几乎是永远不够的。食物可能独具特色，但是离久情疏。人们匆匆忙忙。我们会忘记或很快拾起旧习惯。所以，为什么不建立保留体系来让客户回来呢？这很简单。

几年前，一家当地小餐馆的老板找到我，告诉我他的餐馆虽然业务繁忙但是利润没有起色。当我问及客户数据库时，我吃惊地发现，他并没有客户数据库。我帮助他创建了一个记录客户名字的简单体系，短短四年后，他的数据库中有了6000多名客户。这些客户就成为企业的生命线。客户数据库使他的餐馆从停滞不前发展到年增长率超过30%。

如果你拥有一家小型到中型企业，而且你没有建立客户数据库，那么你的企业模式中就有严重的漏洞。你就错过了企业成功的关键因素之一。客户是你最宝贵的财富，如果你无法接触到这份财富，那它就毫无用处。如果你没办法接触到客户，你怎么能从战略角度有条理地对客户营销呢？你需要利用数据库的力量，你需要给客户发邮件、打电话或者在推特上与客户互动。只要是适合你客户的，都可以——甚至给他们发送“慢递”。这是打造常青企业的关键之一，不能忽视。

许多大型企业现在都建立了非常先进的客户关系管理（CRM）体系而许多较小的企业什么都没有建立。还有一些企业把所有客户信息放在柜子的文件堆里或是电脑的数据库中，但是并未利用这些数据做任何有用的事。只有你实际使用数据库，它才真正有用。但是问题是，很多人不知道如何使用数据库——或者可能不愿意用，因为他们不能完全理解数据库有潜力做什么。如果你发现你正处于这一境地，那么我很高兴你正在阅读本书。继续读下去。

客户数据库将使你更好地理解你的客户。你将学到有帮助的事情，比如他们多久光顾你的店，他们上一次光顾是什么时候，以及他们消费了多少。这仅仅是个开始。一旦你设置了基本字段，你就能开始对客户名单分类了。这里是乐趣开始的地方，因为这时你能基于之前设计和定义的原型来创建更有效的营销。

我刚刚提到的客户细分了他的客户名单，也让客户自由选择他们有兴趣接受的信息类型。这引出我要讲的有关你客户名单的重要一点——你的客户名单是你用来释放客户潜在价值的最重要工具。你的现有客户和未来客户应该在不同的名单上，因为每种客户需要不同类型的信息。当我谈到细分你的客户列表时，指的是把它分解成不同的、具体的方法，以此匹配不同的、具体的标准。我们一会儿将谈到分类（以及如何使用你的名单）。但是首先，让我们探讨一下用以来捕捉客户数据的各种方法。

选择你的数据收集工具

你如何捕捉客户的信息？数据收集实在是件个性化的事情——每家企业收集数据的方式都要对其特有角色产生意义。企业规模、企业类型和与客户互动的本质（线上、实体店内）都应该得到仔细考虑。考虑客户原型及他们如何与你的企业沟通也是至关重要的。最后，认识到可供选择的范围——从高科技到低科技——以及各种工具独特的优点也是不可或缺的。让我们讨论几个最常见数据收集选择。

老派调查卡

你可以以书面形式开始制作客户数据库。让客户回答几个写在纸上的问题听起来可能有点愚蠢和过时，但你难道不认为用这个体系比没有体系更好吗？还记得之前我在当地肉店的例子和鞋盒里的价目表是如何起作用的吗？是的，你也将从这一体系中受益（如果它适合你的企业角色的话）。

我知道许多企业采用像评论卡这样简单的手段来收集客户信息。当然，他们也对获取客户反馈和了解客户个人体验感兴趣，但是提供评论卡的主要目标是建立客户数据库。我每次光顾一家餐厅或服务提供商，如果他们不花一点时间来弄清楚我是谁，以及如何与我保持联系，那我不禁会想：他们只是在浪费钱。

销售时点（POS）情报系统

许多企业使用销售时点（POS）情报系统[①]，这和用电脑捕捉交易的无数细节一样简单。虽然这些系统有点过时，但是它们可以是无价的——特别是对小企业来说。使用一个销售时点情报系统的优势是它允许你追踪个人客户的购买习惯（例如，购买日期，购买频率，交易规模），我们稍后会谈到。

传统的销售时点记录机器在过去几年取得了长足的进展，因为新技术的出现基本上给任何一个拥有手机的人都提供了一个"个人销售时点情报系统"。推特的创始人杰克·多西于 2010 年推出了 Square——Square 是一款小型读卡器，可插入任何 iPhone、安卓智能手机或平板电脑的耳机插孔，将该设备变为信用卡处理机。这

① 编者注：销售时点情报系统（英文：point of sale, POS，在欧洲又简称 EPOS，即 electronics at the point of sale），是一种广泛应用在零售业、餐饮业、旅馆等行业的电子系统，主要功能在于统计商品的销售、库存与顾客购买行为。业者可以通过此系统有效提升经营效率，可以说是现代零售业界经营上不可或缺的必要工具。

种新技术已为各种企业所接受——从拐角处的食品贩卖卡车到农贸市场的供应商。Square 为商家提供了后端或管理面板，用于构建产品目录、管理销售活动、生成报告以及向客户发送促销活动。

顺便说一下，Square 是免费的。你只需支付信用卡处理费用，如果你的企业仍然使用简单的原装现金出纳机，那么使用这个系统将是管理你的交易和销售活动的好开始。

自动化软件

互联网和云计算应用赋予许多企业做到一些令人难以置信的事情的能力。每年都会出现几十个新型自动化软件程序——从销售和营销工具到客户关系管理工具。这些工具中有一些为销售代表量身定制，允许他们跟踪潜在顾客并且找到他们所处的销售阶段。还有许多工具对于不同规模的（线上和线下）企业收集和管理客户信息也是非常有用的。

在我自己的企业，我使用一个叫作 Infusionsoft 的工具。这个销售和营销自动化工具使我建立了一些特别先进的营销渠道。这很了不起。简而言之，人们能够访问我的网站，登录并了解有关我本人或我的企业的更多信息或者订阅我的简讯。一旦潜在的客户订阅，他即刻被自动排序。自动化过程是完全根据我自己的筛选而定制的，这使我能够为客户创造个性化的体验——基于客户为什么订阅我的网站，他们是从哪个网页进入的以及他们都选择了哪些选项，我记录了多个序列。选择的可能性是无穷无尽的。如果客户购买产品，自动化软件就新建一个客户序列来确保客户各方面的完全满意。一直以来，我都可以随时找到客户在序列中的位置，或者当客户需要个人关注时暂停排序。

在你们都感到烦恼前——“但是，诺亚，你刚刚告诉我们不应该自动化，我们需要和客户建立真实的关系！”——让我解释一下。你需要一直与你的客户保持一种真实和私人的语气。你也需要体面地对待每位客户，尊敬他们，你一定要持续地提供巨大的价值，防止发送“蟑螂信”。然而，自动化营销也没有错，这能使客户习惯于你的身份（例如，你的角色）。关键是你可以以一种非常聪明和有条理的方式做到这一切。让我们面对这一切。没有企业能够与每位客户建立一对一的关系，所以你需要了解如何维护这些关系。时刻谨记，任何自动化一定要匹配你的企业角色并且配合正在与你沟通的客户原型。

获取客户信息

获取客户信息最简单的方式就是直接让客户提供信息。你可以使用一个简单的评论卡或采用更高科技的方法。零售商多年来在获取信息方面颇有建树——我妻子喜欢在 Gap（盖璞，美国休闲服饰店）给我们的女儿买衣服，她在结账之前一定会被问到是否愿意填写电子邮件地址——大多数一线零售商都是这样。一些企业现在通过电子邮件发送收据，在你购物时悄无声息地获取你的电子邮件（苹果公司也许是第一个这样做的，但现在这是常见的做法）。

我能为你列出一百万种开始建立数据库的方法。关键在于：如果你不建立客户数据库，那么你就放弃了几百、几千，或是几百万美元的潜在利益。我还能再说些什么？记得耐克的品牌标语吧："只管去做"，从今天做起吧！让我们来看一下具体的方法。

第一步：明确你所需要的

企业想要收集三种数据：人口统计数据、购买行为数据和心理统计数据。如果你现在一无所有的话，你肯定要从收集基本信息开始：

· 姓名

· 地址

· 家庭电话

· 手机

· 电子邮件

……

在我们进一步讨论之前，让我们仔细看看第一个数据点。这个数据如此明显，但是许多企业都会搞错。你真的认为一家把你的名字拼错的企业真正在乎与你建立持久的关系吗？你知道我收到多少次写着 Noah Flemming（多写了一个 m）的材料吗？我难道能期待与这家无法拼对我名字的企业建立持久的关系吗？

让我们讲一讲了解收集邮政编码信息的好处：当我的一位好朋

友在清晨五点接到他健身房的母公司打来的电话时，他并不激动。客户数据库中一个简单的时区或位置字段都能够让这家企业确认哪些客户还在睡觉，在几个小时内都不应该打扰他们。

根据你企业的类型，你可能需要额外的客户人口数据信息。例如，知道他们的性别和教育程度可能是重要的。

好吧，现在我们来看其他的数据点。如果你正在使用一个销售时点情报系统或某种自动软件，你客户的交易就被系统地记录下来，这就意味着你已经捕获了：

- 购买日期
- 总花费
- 购买的商品

然而，到这一点为止的一切都是大多数企业的标准运营程序。但是为一家常青企业建立一个成功的客户数据库，最关键的一方面是以一种更人性化的方式了解每位客户。你已经花费太多时间来建立你的企业角色和理想客户原型。不要现在停下来！即使你的企业不想投资（或花时间了解）更先进的体系，你依然能够以一种相对低技术的方式建立一个客户数据库，就像我当地的肉店做的一样。

你的数据库的关键要素要具体到你是谁和你在做什么。每家企业都将不同，但是基本的方法是你能得到客户越多的可行信息就越好。

例如，这是任何 B2C（商对客）企业都可能收集的信息类型：

- 生日

· 配偶的生日

· 孩子的名字和生日

· 纪念日

· 宠物

· 特别兴趣

不管你经营的是 B2C（商对客）公司还是 B2B（商对商）公司，了解这种信息难道没有益处吗？思考你还能问什么其他问题！

我需要再谈一下特朗普集团：当客户注册酒店任何一家连锁店的“特朗普卡特权”计划时，他们都需要提供大量的信息，包括（但不限于）家庭收入、宠物的名字、出生日期、子女的信息（姓名、性别、出生日期和特殊饮食要求）、口味偏好（咸的、甜的、酸的或辣的）、饮品偏好、楼层偏好（高层或低层）、房间温度偏好、音乐偏好、枕头偏好（气枕、体枕、小枕头、腿垫枕头、合成枕头、平静枕、平衡枕、净化枕、治愈枕、活化枕或泡沫枕）、报纸偏好（《华尔街日报》《纽约时报》《金融时报》《今日美国》或者是当地小报）——任何你能想到的事情。

你看，特朗普酒店集团认识到，即使其管理着一些世界上最奢华的酒店，仅仅提供内容也是不够的——这些小的、个性化的情感信息使得内容更吸引人，并能创造一种比在寻常酒店中投宿更加难忘的客户体验。

让我们回顾一下我那位经营餐厅的客户。假设他向客户提出了合适的问题让某些客户有机会透露他们只对工艺啤酒和特别活动感兴趣，那会怎样呢？那么他可以将这些客户相应地分组，并根据这些具体兴趣创建营销策略。这样做有意义吗？当然有意义！这正是既容易又有效的方法。问问自己，应该问客户什么问题？应该收集什么有效数据？

第二步：激励它

这位餐厅老板每个月为其邮件数据库的新订阅用户举办比赛，获胜者会享受一个月的免费午餐。获胜者可以光顾的次数没有限制——并且没有任何附加条款。他每个月迎来上百位（有时数千位）新客户。为了参与比赛，客户需要填一个评论卡，填写自己的各种信息并打钩以允许餐厅老板和自己保持定期的电子邮件联系。你能看到这种简单的形式创造了多少绝佳的营销机会吗？

作为在你网站上注册电子邮件的交换，你将给客户什么呢？想出能给予每位客户的具体价值的奖励——如果你销售欧洲风格的童装，你可以提供一张能在你实体店里使用的优惠券；如果你是一名会计，你可以提供一些关于最新税收政策的免费报告；如果你是一名网络服务供应商，你可以提供一个免费订阅你的月度简报的机会或为期两个月的付费服务试用——提高注册人数的方式就是提供一些极具价值的奖励。

第三步：细分你的客户列表

你为什么应该细分客户列表？答案很简单：你对潜在和现有客户的一切营销都应该使人感觉尽可能接近真实的人际交谈。正如你在三个不同领域中收集到的客户信息——根据人口统计信息、购买习惯信息和心理兴趣——一旦你收集到数据，你应该也能够按照同样的标准细分它们。当你开始细分你的数据，以根据客户的具体需要、需求和兴趣定制你的信息时，你就能够管理每位客户的体验了。这没有多复杂，但是一旦你能将营销、文字和持续的沟通工作更紧密地与特定客户相匹配，那么他们将会更积极地回应。事情就这么简单。

社交媒体专家总是在讨论“对话”——我们如何需要加入客户已有的对话，或是如何需要成为引导对话的人。我们能创建一个对话，但是我们不要忽略它真正意味着什么。

每次在我们为企业社群建立简讯、建立社群结构或者细分列表，来给客户提供具体的、个性化的营销时，我们都在和他们沟通。那么他们如何反过来与我们沟通呢？他们回复我们的邮件吗？他们写简讯并发给我们吗？当然不，我们的客户会以行动回应。在现实世界，他们购物、买东西或与别人分享体验，而在数字世界，他们访问、点击、转发和点赞。当你的客户行动时，就是判定你正处于对话中并建立了有效营销的时候。

我们明确定义的角色会帮助客户定义如何在市场中看待我们，并鼓励他们支持我们的品牌。我们的社群结构能使客户围绕在我们的品牌周围。对话当然需要持续下去，然而企业和客户之间的关系不是你可能认为的那种“好兄弟”类型——当客户以行动回应时，我们必须以价值回应。客户想要与那些会回应他们，并愿意与比仅仅“完成交易”的家伙们做到更多的企业做生意。就是这个道理。

利用“RFM模型”追踪（和改变）客户行为

现在似乎人人都喜欢谈论大数据——特别是讨论大量数据是如何帮助我们做出关键的商业决定的。问题是大多数情况下，我们不是真的需要那么多数据来做出一些会带来重大影响的决定。甚至太多企业在大片“数据森林”中跋涉，而不知道它们想要找些什么。

事实是这样的：大数据可以帮助你检验、证明你已经知道的事，但是不能太痴迷于大数据以至于忽视了“低果先摘”的道理——你极有可能忽视了那些近在眼前的潜在营利机会。我们在第七章讨论了星巴克如何从600多万会员中得到一个应该是不言自明的、非常简单的结论。那么我能告诉你些什么呢？

你的询问卡片、销售时点情报系统、自动软件和其他任何销售和营销工具都能帮助你捕捉客户信息，并了解客户想法。反过来，你能用这个信息来为他们提供更好更有针对性的营销努力。例如，通过了解个人客户的下列问题，可以得到一些分析：

· 这个人何时第一次光顾了你的企业？
· 他多久光顾你的生意一次？
· 这位客户的平均花费是多少？
· 这位客户最经常购买的产品是什么？

通过了解你客户在集体中的下列问题，可以做出更多的分析：

· 哪些客户构成了你企业的前 20%？

· 最近哪些客户与你做生意了？

· 在过去的 30、60、90 或 120 天里哪些客户没有光顾你的企业？

收集大量数据与我建议你要处理收集的数据间的主要区别在于，我建议你的处理方法可以基于客户实际行为——主要是他们的购买模式，来获得有关你对客户的了解和对消费者的洞察。我也建议你加快对“低果先摘”、“无痛”改进业务和获得最大化利益的策略考量。我不建议你通过只是了解你的客户是谁、他们何时过生日等信息建立一个无穷的数据库。相反，我想让你能够基于客户的实际行为而获得可行的见解。这是建立客户数据库的最有力方面，而且这为未来利益的提升提供了最佳的机遇。

大数据热就是捕捉大量数据，并使用现代计算力量来筛选数据。大多数企业因为捕捉到大量信息而兴奋不已，以至于忘记阐明它们真正想要什么。要记住的是大数据不需要有多“大”。你仅仅需要针对你想要了解的信息来收集收据，问你想知道答案的问题，并基于想要得到的结果展开工作。

让我来分享一下我自己企业的黄金法则之一：如果你收集的数据不能告诉你接下来应该做出的行动，那意味着你压根儿就不需要这些数据。从明确你想知道什么和想完成什么开始，幸运的是，这个过程并不难——而且它能产生巨额利润。现在，让我们更上一层楼。

新近度、购买频率和消费价值模型（RFM）

留意客户的购买模式会大有裨益，原因多种多样——也许最重要的原因是它让你警惕现有客户可能正在流失这一事实。当然，一些信息能给你赢回这位客户的机会。例如，如果一位客户在六个月内没有光顾你的企业，这个人真的依然是你的客户吗？购买模式在其他领域也是有帮助的，比如何时一位客户的购买频率增加，或另一位客户何时突然大量减少消费。你要确保留意这些不同的信号。

企业使用三个关键标准——新近度、购买频率和消费价值模型（RFM 模型）——来确定它们的最佳客户和最具价值客户。这个模型是一个被零售和专业服务业广为采用的标准方法，以下是建立这个模型的方法：

- 新近度（Recency）。客户上一次与你做生意是什么时候？比较六个月前与你做生意的客户和上周与你做生意的客户。你认为谁现在对你更具价值？显然，是最近与你做生意的客户。过去的行为总是对未来行为的一个良好预测指标。那些最近与你做生意的人就是你最佳的潜在客户。
- 频率(Frequency)。一位客户与你做生意的频率是怎样的，他一次会买多少商品？那些经常和你做生意的客户更可能继续这些行为。
- 消费价值(Monetary Value)。在某一特定的时间内，客户消费多少钱？一位客户消费得越多，他就更可能继续这一行为。

当你将三个方面结合起来建立一个关键模型时，RFM 的真正魔力就出现了。让我举一个例子：你的数据可能会识别到通常每月购买两次的客户（频率），以及谁三天前购买（新近度），谁比她通常购买的花销多（消费价值）。现在，在这一个时间节点中，这就是一位非常有价值的客户，这种类型的客户需要更多的营销、更好的营销和企业更多的关注。

现在，如果同样的数据显示一位客户或一组客户总是每个月来购买商品（频率），两个月后却突然不再光顾或购买，是怎么回事呢？这些客户可能正在流失，你不认为有必要问问为什么吗？正如第七章所讨论的，你也可以设立门槛来分类某些等级，或增加他们在你忠诚度常青阶梯上的位置。思考一下，例如，一位客户十二个月每个月都购买商品。这就可以成为指定这位客户为“最佳客户”的标准。

当然，有帮助你追踪这一数据的工具。如果你经营一家小型到中型的企业，你很有可能已经有追踪这一数据的体系了。（如果你还没这么做的话，你应该——从今天开始做！）明智运用这个体系的下一步做法是，用它来指导你的营销决定。让我们一直关注如何在你的企业中使用 RFM 模型。

分析最优购买频率

想想你最后一次给车换油——除非你有一辆新车，否则你很可能会遵循一个和大多数人非常相似的模式——窗户里的小贴纸写道你应该在 10 月换油，你虽然知道你已经超期两个月，已经驾驶 4000 多英里了，但你依然等待，等到最终方便（有点方便）的时候。

这中间就有一个问题：最近一次你最喜欢的，或者最方便的换油店联系你并提醒你是时候对你的爱车进行定期维护，是什么时候？我愿意打赌几乎没有人收到他们的信息，至少我没有收到过。这不是说它不会发生，而是很少发生。这只是一个例子，而你的花店呢？你的眼科医生呢？你的保险专业人员呢？你最喜欢的餐厅呢？

几乎没有人足够关注客户的后续行动——更重要的是，我们不会在正确的时间跟进。所以让我们问一个重要的问题：为什么我们不能有效跟进，知道什么时候应该跟进呢？ 答案能像我们真的不知道什么时候是“正确的时间”一样简单吗？

如果这是症结所在的话，那么让我们深入挖掘并回答这个问题：客户购买的最佳时间框架或是再次光临的时间框架是什么？客户的理想购买频率是多久一次？一旦确定了这个时间框架，你将如何使用这些信息来更有效地与客户沟通？这取决于你企业的性质。

我的意思是：汽车经销商不会每三个月就能够卖给你一辆新车。他们知道对一些客户来说购买的时间框架将会是几年——对于其他人来说，比如喜欢租车的客户，这也许是个更短的时间段。但如果汽车经销商一直告知客户新车型，或优惠的租赁机会，或是升级的机会——不管客户的通常购买频率如何，不管是对内容还是对客户关系，都是极具价值的价值。如果你持续提供价值，那么每当你与他们沟通时，就不会好似你只是想让你的客户打开他们的钱包。

对于餐厅而言，我认为理想的时间范围不超过三十天。当然，有些客户会变得狂热并每周都在某一餐厅吃饭。不过你更典型的客户会不太频繁地光顾，但如果三十多天过去了他们还应该被看作是客户吗？你需要积极主动！

酒店客户的最佳频率是多少？好吧，这取决于很多因素，例如，客户光顾一家酒店是为了工作还是为了娱乐？客户的时间安排是怎样的？但是让我们考虑一个情景：去年10月，我和家人一起在听涛山庄度过了一个星期，它是位于佛罗里达州棕榈滩的著名度假胜地。我们在泳池每天游泳几个小时，充分地享受其他设施。你认为我们明年会再来吗？我们可能会再来。但是如果听涛山庄在8月份就与我沟通，提醒我10月假期就要来了，并问我是否考虑为假期预订酒店呢？如果酒店为我提供折扣或其他奖励呢？提供什么并不重要——重要的是这种类型的客户沟通应该是自动的并且在与你业务相关联的正确的时间点上。这种联系的频率大可由你自己来决定。

你确定你企业的最佳购买频率了吗？回答这个问题时，你应该考虑不同的产品或服务。一些产品的购买时间框架可能和其他产品不同。你看到这个想法的力量了吧？大多数企业不会考虑这类问题。你不能认为你的内容（产品、服务或信息）足够使你的客户再回来。因为这是远远不够的。

这把我们带到你需要问的下一轮重要的问题：为什么应该让你的客户回来？他们为什么应该购买得更频繁？要认真思考一下。你需要能够相对肯定地解释，为什么一位客户能够更频繁地购买——客户获得什么益处？改善了什么条件？

只是说你的客户应该更频繁地购买，这从来都是不够的；只是认为频繁地和客户沟通会让他们成为回头客，也是行不通的——一次又一次地和你做生意有什么附加益处？常青企业对仅仅建立新交易并不感兴趣，我们感兴趣的是与客户建立长期关系的同时，增加他们与我们做生意时得到的价值。

鼓励所期望的行为

让我们回到换油企业的例子。我们为什么实际上（终于）完成了换油？多数人的理解是我们的车需要换油。我们知道制造商推荐换油来延长汽车引擎的寿命并尽可能保持汽车有效运行，但是我们不能通过换油得到任何真正的、短期的切实益处。对于我们许多人来说，这只是一个必要的负担。

如果你企业提供的东西是相似类型的，那么建立客户忠诚度就更具有挑战性。是的，具有挑战性，但当然也不是不可能！你只需率先鼓励你想让客户做得更多的行为。如果你的内容真的与竞争对手的差别不大的话，这一点就特别重要。

下面有一些想法：如果你的企业建立于重复性购买之上，你能实施一个订阅模型吗？当客户需要回来的时候，你还有其他鼓励客户回来的方法吗？你不必打折，但是你还能用什么方法吸引客户一直光顾你的企业？

在客户购买你的内容时，可能还有其他方法能为他们创造额外价值。发挥创造力！这是一个现实的例子：一位朋友告诉我当地的本田汽车经销商和一家当地洗车店合作。当她每次去换油时，本田经销商会在她的发票上贴一张可以在那天免费洗车的优惠券——她发现自己更有动力去换油，因为她觉得该去洗车了。这就是有趣的地方。换油并不是一种“引发情感共鸣的体验”，但是额外的洗车——保证她将有一辆干净的车——很快产生了影响。这样一个小细节能产生一种积极深远的效果。

商业世界中从来不乏建立战略合作企业——即使是和其他行业

的企业——并分享价值、协助彼此建立常青体验的方法。

向好市多（Costco）学习

好市多是世界上最大的会员制俱乐部之一，也是第七大零售商。其最近财年的总销售额已经超过 640 亿美元。根据最新数据，好市多付费会员多达 6700 万以上。这家占据极大市场份额的企业，花了大量时间使用大数据，为客户提供真正价值。

有一天，我的一位朋友转述了一个精彩的私人故事，这个故事真正证明了基于购买习惯和数据情报的、有针对性的客户沟通具有很大力量。她和她的丈夫成为好市多的会员很多年了。她说，“我们定期收到慢递——包括杂志和优惠券，但是我不记得收到过电子邮件。直到有一天我收到一封来自好市多的电子邮件，所以我打开了它。”

这封邮件提醒她警惕沙门氏菌爆发。当时是 2012 年秋，她在新闻中听到过相关报道，也在报纸中读到过，但是没有真正思考太多。沙门氏菌爆发似乎——与从哈密瓜到鸡肉的食物都有关——是近些年的常见现象。她最近一次去好市多买的花生酱就来自于正接受调查的爆发来源地之一。最终调查证明这是一个错误的警告，但是在事情正在调查的时候，好市多先发制人，召回了在特定时间段内生产的全部花生酱。这封电子邮件旨在提醒她快速处理掉花生酱并摆脱致病甚至致死的风险——当然，邮件也提出收回产品并退款。

这就是大数据力量的一个例子。好市多能够把某商品的购买记录从每天数百万的交易中分离出来。此外，好市多还能迅速提醒个人客户潜在的风险。但是最重要的是，这个例子显示出如何使用数据提供更大价值。我在第一章中分享了凯玛特是如何比女孩的父亲更早知道她怀孕了——凯玛特通过数据分析来与客户沟通，以增加销量和利润。在好市多的例子中，我的朋友解释说这是她第一次真正地感激与企业的沟通——那封电子邮件为她和她的家人带来了巨大价值。

你开始理解采集数据为客户提供额外价值的方法了吗？我希望如此。

⋆ 第十章　找回失去的客户

使枯萎的叶子重生

你肯定想不到，肠镜检查实验里也能学到商业课。在《真正的幸福：用崭新积极的心理发挥潜能并获得持久满足》一书中，马丁·瑟里曼博士记述了一个医学实验，该实验也是一堂发人深省的商业课：

实验中，682 名病人被随机分配进行普通结肠镜检查或延时了一分钟的结肠镜检查。在延长一分钟的那一组，结肠镜在病人体内保持不动，以略减轻病人的不适，即便如此，病人还是比普通组多受了一分钟罪。当然，增加的一分钟意味着这组病人比普通组病人遭受的痛苦更多，但由于实验结束时病人的体验相对较好，因此病人对检查的印象也较好。更令人惊讶的是，与普通组相比，这组病人更乐意再次接受检查。在生活中，应当对事情结束的方式特别留意，因为当时的色彩会永远印在记忆中，并影响你下次是否愿意再接受它。

瑟里曼是宾夕法尼亚大学的心理学教授，所以他可能没有发现这个研究的结果对商界的影响。然而，这为我们提供了最重要的经验之一——我们从这项研究中能学到的是客户关系终止的方式和关系一开始的产生方式几乎一样重要，因为这直接增加了客户再进入这段关系的可能性。然而，我们很少关注结束客户关系——更重要的是，很少关注如果客户离开，如何让他们再回来。

本章主要关于三个重要却经常被忽视的商业方面。首先，如何确定客户关系何时终止；其次，如何保证以尽可能积极的方式结束；最后，如何找回失去的客户。这个过程以问一个简单的问题开始：你怎么知道你何时失去一位客户？

欢迎来到我最喜欢的主题之一：客户再激活艺术。对世界各地的企业来说，客户为何离开和如何让他们再回来是最令人头疼的问题。这也是企业关注的最营利的领域之一——特别是因为找回一位失去的客户的成本远低于吸引新客户。

在本章中，我将讨论切实可行的、确定一位客户何时应该被放入“失去”文件夹的方法。我将解释客户离开或不再和你做生意的四个主要理由，而且我会为你提供找回失去客户的几个方法，或至少给他们留下一个正面的印象以让他们不传播你企业的任何负面消息。大多数营销书籍不涉及这种讨论，因为它们不够“吸引人”。但是我已经帮助无数小型企业客户通过再激活计划产生了70000多美元的利润，并为更大的企业产生更多的利润。坦白地讲，我们绝不应该忽略这些重要话题。

确认客户关系何时终止

如果企业没有按照连续性计费模式运营（换句话说，你从客户那里接受定期付款，电话提供商、公用事业和订阅服务都采用这种计费模式），那么许多企业几乎不可能确定何时“失去”客户。思考服装零售商的例子：如果某人在 1 月 1 日从你那里买了一件短裤，如果她在 3 月 15 或是 6 月 24 日或是 12 月 10 日没有再次购买，她还算是客户吗？如果离她上一次购买已经过去几年了呢？

现在，让我们考虑几件零售之外的事：一位三个月前在你餐厅吃晚餐的客户怎么样？他还是一位客户吗？那么七个月没有登录你 iPhone 应用程序的客户呢？那错过安排好的预约并且拒接电话的客户呢？

你应该何时考虑把一位客户放入“失去”的文件夹中？对于一家对和客户建立长期关系感兴趣的企业来说，这是要回答的最有挑战性的问题之一——我们很难确定当某人不再是客户时的准确时间。然而，残酷的事实是，并非与你做生意的每个人在某一点都应该视为客户。然而对于六年前与企业做生意的人，六个月、六周，或甚至是六分钟前与企业做生意的人，大多数企业选择花费同样的营销投入。这就大错特错了！

有的人只是因为他或她最后一次和企业的互动而被视为客户。就是如此，这就是为何维护、培养和建立关系都取决于你。在购买或交易结束后的任何时刻，你需要意识到你“今天的客户”可能随时光顾其他地方——这就是为什么再激活和找回客户对任何企业来说都是最重要的利润中心策略之一。

为你的企业定义一位“失去的”客户

当一个人过去从你的企业购买产品但是没在你期望的时候回购，这就应该被视作“失去的”客户。准确地讲，你期望你的客户何时回来？这就是大家常说的 64000 美元的问题，也是每家企业必须自己回答的问题。这并不是一个万金油的情况，每个行业在不同的时间框架运营。例如，一家餐厅老板应该把在过去三十天内没有光顾的客户视为失去的客户，并采用大量切实的行动把客户吸引回来。牙医应该把六个月没来检查的客户视为失去的客户；会计可能认为她在整个报税季中没有接触到的客户是失去的客户——不管是按季度还是按年计算。你需要在你的企业或行业中决定何时将客户认作失去的客户。

细分你的客户群

客户主要有六种类型，详见下面的列表。为了帮助你确定哪些客户是“失去的”，它能够帮助你调查全景并阐明一位客户属于哪个种类。以这种方式细分你客户群的另一个益处是这能帮助你量身定制沟通方式，因为每组客户都需要非常独特、与众不同的专业营销策略：

· 潜在客户。这些人正在考虑从你这里买东西。你可能正追逐他们或者他们正走向你。不管怎样，他们还不是客户。

· 新客户。他们已经决定购买你的内容。恭喜你，他们现在被看作是客户！

· 有缺点的客户。在交易完成后，你本质上在和一位有缺点的客户打交道。现在，我知道你可能会说："没有这么快，诺亚！你想要告诉我，即使这个人刚刚成为客户，我就已经有失去他的风险吗？"没错。任何近期和你做完生意的人在这一点都应被视为有缺点的客户。知道为什么客户留存体系这么重要了吧？

· "警报"客户。这些客户是一群引爆"碟中谍式"引线的客户，并且有迹象表明他们正准备好离开你的企业。（别急，我马上告诉你当客户触动警报时如何确认。）如果你能够确定他们有缺点或者他们以某种方式改变了他们的行为，那么你还是能够采取合适的步骤留住他们的。

· 常青客户。这些客户一直基于对你企业有意义的再购买频度与你做生意。他们通常会表现出加入到你的社区和与你保持持续关系的意愿。

· 失去的客户。这种类型很简单。不管出于什么原因，你已经失去了这些客户。现在你需要试图把他们找回来。

我们在过去几年都看到过有关客户保留和满意度的长篇大论，但是一旦损失了一位客户，人们就束手无策——事实上，企业很快就再次退回过时的"新客户"思维模式，因为他们会再次问："你能告诉我如何吸引更多新客户吗？因为这是我真正需要的——而且我现在就需要他们！"现在我的目标是说服你，相比于找回失去的客户所付出的一点努力，吸引并带来新客户所需的时间、努力和金钱都太多了。

我再说一次：一点努力——这就是所需的全部。

我将在下一部分讨论客户流失和它为什么会发生，然后我将提供一些你能采取的一步一步的行动来将客户流失最小化并找回那些失去的客户的方法。

找到客户离开的原因

客户流失是客户保留的反面，所以在我们开始讨论如何找回客户之前，只有关注他们离开的原因才有意义。让我们面对它。你不必像天才一样意识到，不管你做什么，客户都会离开。流失是任何企业的一个自然的部分，你的企业也没什么不同。正如你在第八章中学到的，一些流失是好事——应该鼓励。并不是每位客户都值得保留。但是大多数客户是值得保留的，一些企业每年损失大量的客户，而没有真正理解他们是如何损失的、为何损失以及能对此做些什么。

我把所有的客户流失大致分为四个类别：

1. 你的企业搞砸了。
2. 客户经历了不可避免的外部因素。
3. 客户真的不再需要你提供的东西。
4. 客户摆脱了与你企业做生意的习惯。

我将依次解释这四个类型，然后我将告诉你做什么来将流失的影响最小化并为找回失去的客户提供策略。

搞砸

可能是你（或一位员工）做了或说了某事冒犯了客户；可能客户不能接受你企业的某些事情；可能有一天你敷衍了事；可能是一位员工很粗鲁；可能是某人没有及时回复一封电子邮件，或是客户把信息以一种居高临下或负面的语气解读；可能是送错货了，或是订单少了；也许这个过错使另一家公司损失了数百万美元——不管是什么原因，都是你的责任。

这些情况都被视为搞砸了，也是损失客户的最糟糕方式。好消息是这种流失非常少。如果你一直对客户无礼，雇用刻薄或粗鲁的员工，经常搞错订单，当客户联系你时几周后才回复——好吧，那可能是时候关门了。

比一次完全搞砸稍微好一点的是，有时客户离开是因为他们与你的企业价值不匹配或他们就是不喜欢你（或反之亦然）。客户与你的任何一种理想客户原型都不匹配。因此，你的企业角色和这位客户的对话让人尴尬——像一场搞砸了的约会。在这些情况下，你什么都改变不了。有时，你必须对你永远不必再应付这种客户感到满意。应该对客户的离开而非留下甚至造成不和而感到高兴。

外部环境

总会发生一些事情：客户生病了，他们搬走了，他们失业了或发生了其他事——他们甚至会去世。这种客户流失令人不舒服。同时也是不幸的，客户有很多合理的理由不再和你做生意。

我相信现在世界各地都陷入严重的经济问题对你来说一定不是新闻。经济为许多人造成了很大的困难，迫使他们审视自己在每个领域能支付得起多少，包括对你的企业。如果你的企业卖鱼子酱或是奢侈品，或者你想把它们卖给富裕的人（那些不管因为什么都不会受近期衰退影响的人）——那么一些你从前的客户有可能支付不起你企业的费用和价格了。通常这些客户不能挽留，但是这并不意味着我们应该让他们就这样悄悄离开。

需求改变

在这种情况下，客户来你的企业找寻某些特别的东西，一旦你满足了这个需求，客户就认为没有必要再和你的品牌或社区继续合作了。这并不总是负面的。事实上，客户依然有机会受到常青营销平衡的影响。

思考一名孕妇或任何有自然的和确定的需要的情况：这位准妈妈可能只在六个月的时间内需要你的内容，但这位客户依然可以以一种方式受到影响，以至于她将帮助你获得常青的利益。她将把你的企业介绍给他人并积极赞赏你的企业，她可能甚至与你企业的社区保持联系，因为她在这里找到了友谊。我们也不要忘记，这个有限的需求也可以因为新内容而延长。例如，亚马逊知道我什么时候需要购买尿布——几年以后，亚马逊开始给我发送有关近期热销的儿童玩具的广告。

这些例子指向一种基于特定、合理的时间框架上的需求改变。然而，就这一主题还有变化——在商界，有时一种关系的突然终止是因为客户的即时需求得到了满足，他们认为此后不再继续需要这种关系了。这种情况通常发生在过度依赖于内容的企业。企业缺少客户对社区利益和成为品牌整体延伸的一部分更感兴趣的过渡阶段，一旦客户的即时需求得到满足，他们就没有理由再停留了。

看，存在这种类型的客户流失的事实本质上并不糟糕。这通常是你所做的杰出工作的一个证明，这些客户已经收获良多，不需要你的帮助也能继续走下去。你能在这组客户这里收获你的成功故事和推荐信以便与其他客户和潜在客户分享。

习惯改变

一位客户可能去度暑假——并且忘记了在你企业的良好体验；或者客户像每个人在某一刻一样，在工作或家庭或其他的事上遇到困难，现在没有时间或精力登录你的网站或去你的店里购物；也许客户一直在尝试一个竞争对手的产品和服务。大多数企业认为客户流失是因为他们有过某种糟糕的体验。信不信由你，这是最不可能造成客户流失的原因。

最可能造成流失的原因——到目前为止——是客户不再习惯于和你做生意以及参与你企业的活动。当这种情况发生时，人们（客户／委托人）总是告诉他们自己（有时告诉你）同样的事：“一旦事情解决，我就会回来。”当然，我们知道会发生些什么——事情永远不会解决。或者事情解决后，这些客户有太多其他的事要做，与你的企业互动成了他们列表中最不优先的事项——即使参与你企业的活动对他们有极大的价值。

解决你的客户流失问题

这四种类型的客户流失是大多数企业客户流失的原型。当然，客户保留的目标是辨识到这些因素并设计对应的政策和体系，让它们能够对抗那些你能控制的因素——简而言之，意味着这四种类型中的两种。显然，你不能控制人们是否将面对可能让他们无法成为积极客户的外部条件。同样地，你不能减少离开的客户数量，因为他们曾切实地得到过你的帮助而且不再需要你的服务（你也不想再服务他们了！）。这些都超过了你的控制范围。

让我们谈谈你能控制的范围：在很大程度上，你一定能够影响你企业搞砸的程度或察觉到被搞砸的事情（谨记最小化我们第八章谈到的客户恐慌度等级的策略）。同样地，你一定能够建立流程，这些流程旨在当客户与你做生意受益最大时，养成客户持续与你做生意的习惯。这当中的诀窍就是要通过战略性的方法来解决如下的两个问题——我的任务是告诉你这些诀窍。我将以假设你已经搞砸了开始，毕竟，没有人是完美的……

当你搞砸了

如果你做了冒犯客户或是让客户不满意的事——例如，如果你未实现你所做的承诺或没有满足所设的营销期望——客户决定不再和你做生意，那么你有责任尝试并改正。更重要的是，这些客户需要知道你有多么在意这件事，你是如何改进或改善的，以及他们对你的企业多么重要。谨记，每位失去的客户代表的远远不止是一位客户。回想一下第八章我叙述的如何应对合理和不合理的投诉和服务要求——你会发现，这个过程也差别不大。

如果你发现客户的离开是你的问题，就该做一切你应当做的来弥补。尝试并且向你的客户展示你正以一种特定和有意义的方式关心他们。这并非总是意味着免费赠送一些东西或是大幅打折——客户通常会看穿这类策略。更有效的方法可能是什么？一个来自首席执行官的电话怎么样？有点创意。发一张你的竞争对手的礼品券怎么样？你能做什么——合情合理地——来使客户意识到你正认真地对待他们不再和你做生意这件事？

客户想要得到认可，想知道你听到了他们的声音。道歉永远无害。能发生的最糟糕的事是什么？如果你的企业把事情彻底搞砸以至于原谅你并不是一个选择，你依然应该尽可能地以最佳方式结束与客户的关系。记住我在本章开头分享的有趣的结肠镜检查研究——如果一个不愉快的体验的最后时刻比之前的要好，这将会影响对整个体验的记忆。

这种思维方式的好处在于即使是最让人恼火的客户和企业最大的失误也能通过一个合理的、诚挚的和真实的后续行动来缓解。尝试：第一，联系客户并积极倾听；第二，永远都不要责怪企业中的其他人——不要把别人往火坑里推；第三，为客户提供一系列纠正问题的选择。如果情况足够严重，那么你需要回顾图 8-1 的常识客户服务的简单诊断过程。简而言之，你需要向客户保证，你非常认真地处理他们的问题。

把生意搞砸从来都不是世界末日——通常，这实际是一个机会。在你经商的时候，工作的一部分就是认识到机会无处不在。你有多成功是由（至少部分是由）你选择如何看待这些机会所决定的。

当你的客户改变习惯

大多数客户成为“前客户”只是因为他们忘记一直和我们做生意——大多数企业也只是继续前行，像往常一样通过营销来吸引更多新客户。想一想，这是很可怕的，也是企业的一个重大问题。如果你发现客户改变了习惯，你要抵御继续前行的欲望。你应该让自己关注培养客户互动——你的客户与企业的互动越多，他们就越可能长期做你企业的客户。

你可以通过浏览下面假设的（或就此而言，非常真实的）场景，很容易地确认这种类型的客户流失。想象一下，你是企业所有人或是销售代表，你偶然遇到一位五个月没来光顾的客户。你们开始闲聊起来。然后，在某一时刻（正如常常发生的那样），客户对你说：“你知道，我一直在考虑再和你做生意——我很快就会这么做！”

有时，他们确实这样做了；而有时，他们不会这样做。就这个讨论的目的而言，这真的不重要。重要的是，很可能直到他们碰到你的时候，也没有考虑你的企业。这也是可以理解的，因为大多数人总是要考虑越来越多的事。

重要的一点是，当他们见到你后确实开始思考和你做生意，一旦他们开始这样思考，他们就认识到能从你企业得到的价值。当这种情况发生的时候，你就能确定，他们离开不是因为你把生意搞砸了、他们搬家了或他们不再需要你的专业知识了——他们只是不再习惯于和你做生意，或者一开始这就不是他们的习惯。

大多数企业根本没有什么失去客户的原因。事情就那么发生了。实际上，唯一原因就是客户的习惯改变了——我们往往能归咎于糟糕的营销。缓解这种类型流失的最佳方式是定期、时常地以客户的角度出发思考问题。根据你企业的类型，你需要找到某种建立持续联系的方法。例如，你可以每月发送简讯或每周发送附带有益建议的电子邮件，这当然有助于建立一个强有力的企业社区。你正在放任你的客户远离你的企业吗？

建立持续联系

正如我们在第七章回顾客户忠诚度计划时所讨论的，我们需要持续地强化我们期待的那种客户行为类型。如果你因为不积极主动而失去客户，这意味着你没有与客户进行足够的沟通——这完全是后续行动的问题。你必须与客户保持联系，并且经常保持联系——

并不是你的客户要记得和你做生意。相反，是你要提醒他们。

你需要处理的第一个领域就是营销。你和客户沟通的频率是关键。以实施规律和连续的联系计划开始，思考创造出客户期待的事件——它可能是一本杂志或一封简讯。再强调一下，每家企业都是不同的，关键在于在与客户规律持续地沟通。

你需要向你的客户展示目前在进行什么，你的企业发生了什么。然而，你的信息也需要沟通持续价值。客户并不关心你企业的十周年纪念——除非这可能会为他们的生活增加价值。关键要记住持续更新的不应该是你企业的信息，应该是有关客户的信息。下面是有关如何沟通价值的具体建议。

给不活跃的客户打电话

尝试：拿起电话给十位不活跃的客户打电话。我是认真的，试一试吧。你今天可以收回在这本书中所做的投资，并有可能得到更多。

我合作过的很多企业在这方面都需要大量帮助。不幸的是，它们大多已经建立了提供和追踪客户购买模式（例如，新近性、频率、消费价值）的体系。事实就摆在它们面前——某些客户过去定期光顾，现在不再光顾——然而这些企业对此毫无作为——任利润和现金坐在深渊里。

把定期给不活跃的客户打电话作为你策略的一部分——你甚至可以考虑指定你团队中的某人来做这件事，把联系不活跃的客户作为这个人的唯一任务。

让客户知道他们被想念

当你联系客户的时候，不要马上直奔主题，完成销售。首先要提供价值，销售团队需要明确他们必须和客户建立一种友好的关系。当你想再激活客户而去打电话给他们或用其他方式联系他们时也是同样的道理。你需要让客户知道他们被想念——你可能想要客户了解你企业正在发生的了不起的事或介绍他们不在时你推出的新内容。

网站通过登录和使用数据持续追踪人们的情况。论坛社区经常内置这种技术，你可能收到一封电子邮件通知你：你的缺席已被注意到。如果与特定网站上次的互动过去了很久，有时候我会收到一个“诺亚，我们想念你”的消息。再说一遍，高科技还是低科技，这并不重要。重要的是你应该知道一位客户一段时间没有光顾，这样你可以尝试与该客户联系，说出“我们想念你”。

知道什么情况下你说的太多

企业常常担心惹恼那些失去的客户。我通常会被问及这个问题：多少联系是太多的？我如何能在不影响客户对我企业的看法的同时与他们联系？事情是这样的：你能做得最糟糕的一件事就是没有跟进。

在很多情况下，你不知道客户为什么离开。恢复联系有很大的固有价值——能够发现究竟发生了什么让客户离开你；此外，这位客户可能是挽回其他客户的关键。最后，让我们假设客户合情合理地不想再和你的企业做生意——那么你为何如此担心？这里唯一的成本是与你的再激活体系的附加成本——无论是电子邮件、电话还是明信片。不管成本如何，毫无疑问，这都比争取被神话的、传说中的新客户的成本低。

我建议以下内容作为客户再激活的标准模板：我建议在三个月的时间里至少进行八到十次联系（或接触点）。 这相当于每十天联系一次，在此范围内，我不会认为你超越了你的界限。让我重复一遍：对于那些已经被惹恼的人，他们可能不会再回来了。但对于那些只是不再习惯与你做生意的人来说，他们将会因你的坚持而感到高兴。

建立有效的流失警报体系

当我为那些订阅网站提供咨询时，我发现了“汤姆·克鲁斯效应”。“汤姆·克鲁斯效应”来源于《碟中谍》系列。克鲁斯需要穿越一个每五分钟就充满红色激光束的房间，每一束激光都连接一个警报——在你的数据收集工作中，你需要构建这种类型的“报警触发器”，以便在客户转身并开始走向另一个方向时发出警报。当这种情况发生时，客户通常会让你知道某些事情发生了变化，并且你需要采取一些柔和的行动。（因为，记得我们在第一章中讨论过，这不是一位客户的问题。客户通常像一群鱼一样——当一条鱼调头的时候，所有鱼都将调头。）企业经常等到太晚了。当他们终于决定对此做一些事情的时候，客户已经走了。这一切都很好地衔接第九章对 RFM（新近度、频率和消费价值）模型的讨论。

下面是一个可以建立的警报的简单例子：假设一位客户付费注册了一个订阅网站。通常来讲，大多数客户会在注册的一天或两天内登录网站。但是如果有一位客户一周都没有登录怎么办？这时候应该拉响警报——我们需要联系这位客户弄清楚发生了什么以及为什么。

这把我们带到另一个重点——你的客户数据库和客户追踪工作应该也成为你提供更好客户服务的工具。这有一个例子：几年前，我在出版商的一次会议上发表了讲话。我后面的发言人之一是一家大型信息出版公司的首席执行官。她说公司的网站和订阅模式都运行顺利，除了某一组客户外——这组客户定期注册，然后在一个月或两个月的时间内给信用卡公司打电话要求取消业务——这种情况持续了几个月，公司不知道为什么。这里发生了什么？最后，一位经理决定接触这些客户。她打电话的第一位客户是一名遗失密码的老年公民，他因为不知道如何找回密码而取消了业务。当她打电话给更多的人时，同样的故事一遍又一遍地重复——这个错误已经为公司造成了数十万美元的损失。 但是，通过实施一个简单的客户管理策略和流程来接触新客户，公司几乎可以抹去这个特定问题。

现在，让我们深入了解如何挽回已经离开的客户。思考这个例子：假设客户连续八个月每隔一个月从你的企业购买商品，突然，三个月过去了，这位客户不再购买了。但是，在某一时刻，客户又回来购买商品。在客户下次购买时，过去了四个月。然后，这位客户消失了。在这个场景中，何时应该拉响警报？答案很简单——客户第一次错过购买间隔的时候！你需要建立体系来监控这种行为。

在刚刚描述的这一场景中，下一个要考虑的重要问题是：这位客户与更多客户的原型相匹配吗？他们的行为相似吗？谨记鱼群的故事，这无比重要。如果这小部分客户真的是一个更大的问题或客户行为模式转变的警告怎么办？你需要尽快找到个中原因！

许多企业稀里糊涂地失去客户，没有任何前奏或理由，任由这些客户在黑夜中悄无声息地离开。数据可以在客户的新近度和购买频率方面提供重要的警告信号，同样地，关于客户行为的数据也可以提供类似的警告信号——设置警报，然后触发适当的沟通。第一步也是最重要的一步是弄清楚发生了什么变化，要主动。

不要坐等客户终止生意或投奔你的竞争对手。首先询问客户这个非常简单的问题：你是否在体验我们的产品和服务时遇到了问题？这不要求你为员工提供任何其他培训，你甚至不需要一个标准问题和短语手册。你只需主动拿起电话，与你的客户展开对话并且了解发生了什么。

从客户的角度来看，你看起来是机灵的——你已经认识到，客户没有像往常一样与你做生意——客户经常欣赏这个简单的姿态。通常情况下，只是主动接触客户就足以带回客户。在这种情况下，请记住——你正在使用行为作为变化的指标。有些事情发生了变化，你需要找出原因。

实施你的再激活体系

你想学习如何大幅增加你的业务？我不是在开玩笑。如果我向你展示了一个简单的，但是可以产生上千、可能几十万甚至几百万美元的方法呢？这是可能的，我一直在帮助我的客户这样做，使再激活项目成为客户战略的标准部分。

再激活计划或策略是当我们失去客户时建立的——这是当保留无效时需要实施的。当我们尽最大努力与客户建立关系却还是失去客户时，这是我们最好的行动方案。当然，我们总是努力更好地留住客户并重点关注建立常青关系。然而有时候，尽管我们尽了最大的努力，有些客户也将会流失。有时我们对此无能为力。

但是如果有一个能将他们找回来的简单办法呢？如果你能建立一个体系来找回失去的客户呢？这就是再激活体系。你不仅需要保留体系来留住客户，也需要推介体系来产生更好的口碑、新推介和介绍信。你企业能够建立的第二位体系是合适的再激活体系。

再激活可能是任何企业产生短期利润的单一最快方式。你现有的客户当然是最好的和最有价值的客户，你次佳的客户是那些以前是现有的客户，但现在流失了的客户——尽管你为留住他们竭尽全力。当我为那些寻求快速创造利润的企业提供咨询时，所做的第一件事就是帮助他们创建一个再激活体系。

再激活过去的客户的另一个重要的益处是相比于新客户，服务他们的成本通常更低。他们对和你做生意已经十分熟悉了。他们已经经历了你的人员管理流程（更多内容参见第十一章）。你也对这些客户有了一定的了解，记住当你真正想要找回一位客户时——我的“找回”是指客户当购买产品时不再有冒着体验上次缺陷的风险，不要重蹈覆辙。

确切地说，你如何进行再激活计划事实上取决于你的企业角色和客户原型。你需要使用能够与你的理想客户原型产生共鸣的媒介：例如，在线零售商可能会使用电子邮件进行再激活，但是一家 B2B 公司可能会通过电话呼叫过去的客户。我的经验中，最好的再激活计划都使用大量的媒介来联系失去的客户。此外，再激活体系正是——与简单的一次性努力相反的多方位办法。要记住的关键是：

你的目标是邀请你的客户回来并与你做生意。不管他们为什么离开，你需要重新确保他们没有不愉快的感觉，并且欢迎他们随时回到你的社区。

你可以在你的企业中轻松有效地实施有效的再激活体系。 只要记住，遵循这五个关键步骤：

1. 再激活之前存在的常青关系。
2. 仔细处理你的消息和材料。
3. 有效地实施再激活活动。
4. 跟踪结果。
5. 不断监测你的投入。

现在让我们花一点时间更详细地分解每一步以便你可以在企业中实施这些流程。

第一步：再激活之前存在的常青关系

当你已经建立常青关系时，再激活会更容易。假设你遵循我在这本书中提出的建议，那么你已经与客户建立了有效的关系，这至关重要。事实上，这是使再激活体系生效的最重要的部分。不管客户为什么离开、客户的行为如何改变或者你的再激活体系如何炫目，一切都取决于当前客户仍被视作现有客户时与你的关系。

再激活计划不是什么新鲜事。然而，问题是一些再激活计划并未像预期的那样奏效。这种情况在企业中很常见，它们在客户离开前并没有与其建立强有力的关系。这些企业通常没有认真贯彻实施常青概念和策略，这些情况造成了无数挑战。简而言之，实施再激活计划过程中，需要建立（重建）信任和建立（重建）友好关系。当你实施常青理念时，你找回客户的能力将大幅提高。

第二步：仔细处理你的消息和材料

以与你的企业角色相匹配的方式撰写和交付你的材料，并以友好和个性化的方式与你的理想客户原型产生共鸣。你所传递出去的消息必须把一件事做好，而且要有效地做：它必须清楚地表明你正在联系客户，因为你发自内心地关心他们，在意你们之间的关系。

这是一个反面的例子：如果你曾经是一个留言板或其他在线讨论论坛的成员，毫无疑问，当你一段时间没有访问该网站时会收到一封自动发送的电子邮件："我们的记录显示，距离您上次访问我们已经有一段时间了。" 这个消息是个性化的吗？这些"再激活"的尝试绝对没有个性或真实性，这里的底线很简单：

不管你的目的是什么，如果你不能以让人感到真实的方式沟通，他们就不会再回来。

第三步：有效地提供再激活体系

提供再激活体系与排序相关，换言之，你需要安排消息的配送并从实际上实现再激活。这是为企业造成最多麻烦的方面：什么时候联系客户？ 你应该多久联系一次？如果你是 B2B 公司而且销售团队正在处理你的再激活体系，你期望他们每天打十个电话吗？还是五十个？

这是通常需要的：通常，你将需要通过大量不同的媒介与客户进行多重联系或建立接触点。当然，一些客户将在一封电子邮件或一个电话后回来，但很多人不会。你需要重点考察你的消息配送和排序体系，每个接触点也应该有某种呼吁行动。根据你的内容，你可能需要一个系列的“是的”才能把这个人作为真正的客户找回，这就是考虑顺序的原因——你不能只是交出名单，并向你的销售代表说：“打电话给这些人。”记住，你需要建立一个适当的体系，使之成为你企业的一个持续的功能。

假设你的客户刚刚工作了一天回来，此时客户的头脑中最不可能想的就是你企业的事。我们假设信箱内的信件之一是你再激活体系的一部分。在信中，你有一个行动呼吁，而且排序的下一部分仅仅基于这次联系的结果而确定。我们假设你的客户甚至没有打开它，只是把它扔到了垃圾箱里——如果这是你客户再激活计划唯一的尝试，那么你已经失败了。

现在考虑另一种情况：假设客户没有打开你寄的信件，但他看了你的电子邮件或者接了你打的电话。那么你会感激你有多个接触点而且没有在第一次尝试后直接放弃。

依靠单一的接触点无法形成有效的再激活体系。有效的再激活体系需要多次沟通，通常这需要通过多个媒介和多个步骤。（我将尽快解释这多个步骤）另外，正如你所看到的，你还需要努力追踪结果，以确保你了解客户在体系中的位置。

第四步：跟踪结果

与任何销售和营销工作一样，你需要跟踪结果。我可以写一整章关于测试的重要性，因为这也是一个经常被忽视的领域。你需要记录你的尝试。什么奏效？什么不奏效？什么可以改进？

当然最重要的是跟踪不同客户在序列中的位置和判断接下来需要做什么。在几段前我说你需要在你的过程中有多个步骤，是不是？好吧，如果你有一个六个步骤的再激活序列而且客户在第一次接触后就回来了呢？那么你需要确保这一客户没有接触到接下来的五个接触点。记住，常青理念的最重要的部分是以诚实的方式在你的企业和客户之间模拟一对一的对话。从客户的角度来看，如果这位客户回来与你企业做生意后依然不断收到电子邮件、接到电话，那么她会感到不真实。保持真实！

第五步：不断监测你的努力

我希望你没有产生再激活计划是个一次性活动的印象。你需要将此体系或流程构建到你的企业中，并且需要持续进行。此外，你需要每次都遵循这一体系。

如果你经营的是一家小型个人商店的话，写电子邮件、发信件和打电话可能太忙乱了。你需要制定体系使其可管理和有效。一位小企业主可以建立一个每天她都可以轻松处理的体系，而对于更大的企业来说，应该考虑的是工具：如 Infusionsoft 或微软的 Autopilot，它们允许你建立后续行动序列，可以自动启动或点击按钮触发——重要的是这个过程应该是持续的，不是简单的，一个开始和停止的操作。它应该变得灵活，这样你就可以与你正常的日常操作一起轻松管理它。

管理你对再激活的预期

一些企业对再激活的期望有误。我有一个客户，带来了一个超过 3000 名流失客户的列表，其中没有一个人在之前的十二个月内购买产品。大多数企业会认为这是一个“死亡名单”—— 事实上，大多数企业根本不会花时间跟进这些客户。 然而，我们建立了一个简单的再激活体系，并开始针对这个流失客户列表运行它。

三个月后，我、负责再激活的营销经理和公司首席执行官又回到了客户的办公室。营销经理说：“诺亚，我们运行这一体系两个月了，只有 140 位客户回来了。”我从来没有特别擅长数学，但现在我很快就知道了，3000 中的 140 位代表在两个月内回复率为 5%。所以我问了一些关于过去营销活动和其效果的无关问题。通常，该公司吸引新客户的努力会产生大约 2% 或 3% 的回报。接下来，我问他们：“实施再激活体系的成本是多少？”在这个案例中，成本远低于利润。（确切地说，该公司在劳动力和打印、邮寄信件的实物费用花销为 3000 美元。）然后我问：“平均来说，这些再激活的客户消费了多少？”平均而言，他们首次回购花费约 350 美元——值得注意的是，我们已经知道这个公司的每位客户通常每年购买两次。

然后我问了一个魔法问题：“你在两个月的时间里以 3000 美

元的成本产生了50000美元的额外收入。究竟是什么没有奏效呢？”首席执行官笑了起来。

请记住，这种情况对于各个客户在序列中处于不同的阶段的情况来说并不是完全适用：我们知道体系是奏效的，并且需要再运行一个月，这肯定会产生更多的利润！ 这种情况对于那些现在更加专注于与其客户建立联系的公司，也并不是那么适用——因为它们已经是常青企业了。

首席执行官笑了，因为根本没有什么理性的理由对这个结果表示不满，我想他也许会给他的营销经理去远足的带薪假期。当然，实施再激活计划并不像实施新的营销活动那样迷人——它不像创造一个有趣的YouTube视频并希望它走红一样炫目。但是，你想要什么？几个拍拍后背的赞许、一些人工点赞、在推特上的几次随机提及还是银行里的钱？

再激活失去的客户并不容易——因为它会从你对吸引新客户的痴迷中分走时间、精力和资源。但是它是简单的——因为关注谁将离开以及为什么离开，你就有机会把他们找回来。

* 第十一章　让客户带来新客户

创造最佳生长条件

直销广告主和聪明的撰稿人最喜爱的隐喻之一是“润滑滑梯”的概念。这个想法是一旦潜在客户开始查看（或阅读）你的销售或营销材料，你就要尽一切可能让它方便这位客户继续查看（或阅读）它，逐渐地建立兴趣直到潜在客户决定现在必须购买——现在就买！想象一下客户从一个涂了润滑剂的滑梯上滑下来，喊着：“是的，是的，是的！”下次你半夜睡不着觉的时候，打开电视机——几乎所有的电视购物节目都将充分体现出“润滑滑梯”的概念。

文案和聪明的营销人员有数十种策略、技巧和方法能够让他们用来创造“润滑滑梯”效应。无可否认，它们功能强大，它们中的许多都是相当无害的，几乎能够使用在所有类型的销售或营销中——如吸引人的头条新闻、营利要点、短文章和故事。但是，更高超的营销人员将通过吸引客户的情绪、按下所有正确的按钮，从而把“润滑滑梯”上升到另一个高度——有时甚至不考虑别的东西。

营销者十分擅长使用他们做生意的技巧和工具来使得他们的内容吸引客户——几乎是太擅长了！加入影响购买行为的营销心理元

素（例如头条的颜色、字号大小、图片设置等），就能够创造出极具说服力的广告和活动。结果，许多企业发现吸引到新客户很容易。它们实际上对此非常擅长。但紧接下来的步骤才是一种挑战——这是一个把常青企业和其他的企业区分开来的明确步骤。

在思考你的企业如何争取新客户时，你需要思考两个主要的因素：在彩虹的一端是你的前端（争取客户）营销，这正是你吸引客户的东西。在完成了前几章的工作后——塑造你的企业角色、建立理想客户原型、理解你的内容所扮演的角色——你现在应该是一位擅长建立前端营销的专家。你现在应该亲身知道，当你理解如何把你的信息在正确的时间、通过正确的媒介与客户原型匹配的时候，营销可以多么有效。

在彩虹的另一端是你的后端营销，是在销售完成后你所做的一切。我见过的最大的最明显的过失是大多数营销不注意在过程中的这一点会发生什么。普通的营销者认为他们唯一的目的是销售内容——一旦有人迈出了下一步成为一位客户，营销者就认为他们大功告成了。只要销售代表完成了订单，他们就认为好像完成了工作。普通的营销者和销售人员根本不关心内容是如何交付的、消费的或是售后体验如何。这是一个严重的错误。

到目前为止，这本书主要讨论了与你现有客户形成常青关系的重要性和把企业的“我们如何争取到更多新客户”的思维模式转变为“我们如何更好地服务新的和现有的客户”的必要性。但是正如我多次提到的，每家企业都需要新客户来发展壮大。如果我提出相反的建议，那么我就是疯掉了。只重视保留现有客户的企业最终会发现自己陷入严重的麻烦。

在本章中，我将向你展示如何痛快地解决最后一个谜题——新客户体验。你将学到如何创建你自己的“润滑滑梯”，将你的客户送上与你的企业建立更加丰富、更有意义的关系的道路（并且他们将很乐意这样做，不会感到是你刻意为之）。一旦尽可能创造最佳的客户体验并与所有客户建立常青关系，你将会实现第一章中讨论过的常青营销平衡。简而言之，你将搭建一个建立令人兴奋和兴旺发达的常青企业的舞台。

管理预期差距

大多数企业存在是为了产生交易。它们选择进行一个简单的交易，客户购买内容，而这过程是由客户主导的——而非企业主动建立一个体系以确保整个新客户体验尽可能最佳——从决定购买内容到交付内容再到最终成交。然而，最好的企业将认识到内容和新客户体验在实现常青的过程中具有战略目的。内容在把一位新客户转变成常青客户的过程中起到主要作用。但是，批判地讲，营销也是如此。

不管你相不相信。太好的营销实际上能增加客户流失。怎么会呢？我现在能听到你说：“但是，诺亚，你一直告诉我要花精力思考营销，你现在告诉我，我的营销太好了？怎么会这样呢？”因为这通常会产生我们所说的“预期差距”。

预期差距是什么？

当出售给客户的内容与客户实际所得产生差异时，预期差距就出现了。这是客户在营销中得到承诺但是在内容中没得到兑现时的感受。这个差距通常通过过度积极的企业销售和市场营销而无意识地产生，或无意中通过极好的口碑形成（“你绝对要试试这家餐厅——这是我七十年来吃过的最好的饭菜，我保证你尝到的所有东西绝对会让你处于幸福的状态！”）。

未能管理预期差距是企业早期失去客户的最常见原因之一。此外，未能管理差距彻底抹去了长期保留客户的任何机会。关键：为了提高培养常青关系的可能，你的企业必须保持一种小心的平衡，使你的内容尽可能吸引人，并让新客户为遇到不太完美的体验做好准备。

如何使差距最小化?

为了使预期差距最小化，你需要确保前端营销和后端营销的连贯性。花一点时间问问你自己：你在营销中的承诺和客户实际得到的或是获得的利益一致吗？你的内容符合所做的承诺吗？如果不是的话，调整你的营销使其与你交付的内容更一致才是有意义的。反之亦然，你也能了解到自己的不足之处，并对你的产品和服务做出恰当的调整。

内容交付、建立常青关系的过程和如何将新客户带入社区都需要被仔细规划。从自身的客户经历考虑，从“接下来会发生什么？”这个问题出发、考虑一切。更重要的是，你如何进一步建立客户与你企业的心理和精神联系？我在第一章中介绍了常青营销平衡，这表明你需要在“争取新客户”和“保留客户”间达成微妙的平衡。

你不仅需要确保你的前端营销尽可能地有效，以实现销售和吸引到新客户，你也需要确保新客户体验——通过后端营销交付的——以一种能够开始常青过程的方式被打造。为使预期差距最小化，你需要让客户清楚地知道他们能从我们企业期待些什么，何时期待，以及如何期待。

凭借第一次交易建立客户忠诚度

营销者通常有一个单一的目标——做成生意。他们想要把客户从 A 点（不是客户）带到 B 点（现在是客户），但是这个目标并不正确。营销真正的目标应该是鼓励我们的新客户接受我们的定位和哲学，并且展示我们的内容可以使他们的生活或企业更完善，并且能够持续地满足他们的特定需求。我们想让客户看到与我们的企业做生意得到的远比单纯以金钱交换内容来得多。

更高层的营销需要将“吸引新客户”的思维方式转变为“思考我们的企业体验”的思维方式。当客户与我们做生意时，我们正在试图产生一种强烈的情感体验，当涉及任何特定客户的持久度时，这绝对是个必需品——我希望读到这里，你意识到了客户体验的情感影响有多重要。有一个短暂的时刻，企业有一个令人难以置信的机会，将它们的方向和势头从获得客户转移到保留客户。

定位轴心点

在一个人从 A 点移动到 B 点（成为一位客户）后的时刻是我所称的“轴心点”。你（作为一家企业）可以静止不动，或者围绕轴心旋转。一旦做成了第一笔交易，你就拥有了一位客户。然而，从这一刻起，你不得不承担失去这位客户的风险，所以你的立场需要改变。你既可以让客户随波逐流，或者你可以尽你所能地留住这位客户。既然你已经读到了这里，我希望你会选择后者——不仅留住这位客户，还能够与他培养长期关系。

当购物者变成你的客户的时候，你就拥有一个重大的机会。这可能是新客户生活中最重要的一个时刻。坦白地讲，大多数企业错失了这个机会。例如，如果你在网上订了一些东西，你无疑会收到一封确认你购买的电子邮件（并可能还提供物流跟踪详细信息，以便你可以密切注意交付情况）。通常这都是这些企业所做的，但它们错过了提高客户参与企业活动的水平和加强与客户之间关系的极好的机会。

考虑一些替代方法：如果你拥有一家餐厅，那么你可以用一封简单的欢迎电子邮件来跟进新客户的第一餐。如果你提供网络服务，那么你可以提供免费的视频，向新客户显示注册你的服务后如何充分利用内容。如果你经营酒店，你可以在入住时向每位客人赠送一个简单的礼篮。

“强行灌输（Indoctrination）”真的不是一个好词语，但这实际上是你需要对新客户做的——你需要的是给客户灌输一种新的现实。这将鼓励你的客户以新的方式思考你的内容。这让你的客户与你建立新型关系，并帮助客户建立与你做生意的新方式。当潜在客户成为客户时，沟通方式应该改变。相比于试图销售更多，你应该专注于增加企业和客户之间的纽带。你还应该将客户介绍给你的社区并鼓励他们参与进来。 你应该让你的新客户感觉他们现在好像是独家团体或私人俱乐部的一分子。你可以通过以创造归属感的方式进行交流来做到这一点。

最好的企业拥有保留客户的详尽后端体系，它们将每次交易视作产生长期客户的机会。我认为不管你是经营小镇餐厅或是担任一家市值 2.5 亿美元公司的首席执行官，目标都应该只有这一个。每次交易为你提供同样的机会。问题是：你将会怎么利用这个机会？

学习使用附带信件

那些发明了“润滑滑梯”的直销营销人员还有另一个锦囊妙计——“附带信件”。这是一封实体信件，让我解释一下它的作用：当客户的产品在购买几周后到达，在客户打开箱子那一刻，内部（在顶部）有一封信，它具有非常特殊的用途。

对于客户来说，这封信似乎是来自企业或产品创造者的一个很好的姿态，是恭喜客户购买产品并承诺一个绝妙的机会或体验的机会。然而，这封信也具有一些战略目的——增加二次转售的边际效应，缓解购买后买家的焦虑，并减少要求的退款数量。（这些信件最初是作为转售产品的附加物而发明的，里面的内容大多关于快速致富的机会或家庭创业，而这些产品广告通常在深夜作为商业信息广告出现——因为在半夜人们的脑子通常不太灵光。）附带的信件也提供了一些“行动步骤”或入门提示，能够敦促客户立即开始使用该产品。

我当然不是暗示你的公司需要写附带信件以缓解你的内容造成的购买后焦虑。（毕竟，你已经读到了这里，你知道你的内容的重要性。我毫不怀疑你的内容是一流的！）然而，所有的企业都可以向这些聪明的文案撰写人学习，因为他们提出了可行的具体措施。在实施的时候，这些策略以强有力而积极的方式起作用。当我们向前迈进时，你会意识到，这些营销人员在早期所做的事情实际上是一种“适应过程”的雏形——也就是让客户习惯于与企业做生意。

每家企业都需要制定实现销售的流程。接下来让我们建立你企业的流程。

管理新客户

你需要制定“新客户欢迎计划”，有时这也被称为“通信程序”。许多网络服务称之为“适应过程”（on-boarding）——这是让新客户加快使用和消费内容的过程。本质上，适应服务包括从你欢迎新客户时所做的一切到客户真正与你的企业做生意这个阶段，这是引导所有新客户与你开展业务的一种标准化方式。

你的新客户欢迎程序的主要目的是鼓励客户采纳某些信念和态度，让他们开始消费内容，并参与你企业的其他重要方面（比如你的社区）。新客户欢迎程序应包含两个关键组成部分——表示感谢，并预演新客户接下来的行动步骤。形式、方法或媒介将有所不同，具体取决于你所在的企业类型，但基本概念是相同的。

感谢你的客户——并重申你的内容的好处

适应服务的第一个目标很简单：感谢客户与你的企业做生意。但在你这样做之前，想一想，对于你正在感谢的特定客户原型来说什么将是让他们感觉最意义的、最个性化的方式。对于一些企业来说，感谢信或邮寄信件可能是最合适的，其他企业可能会为客户提供口头（甚至更公开）的祝贺欢迎。

要考虑的重点：当祝贺或感谢客户时，请注意隐私。企业通常在社交媒体或其他媒体上公开分享欢迎信息，忽视其客户的隐私。这对一家企业来说可能是个严重的过失。幸运的是，这个问题一般可以避免，只要注意手头上的事情就行。例如，我在 WishList Member 工作的朋友斯蒂·迈凯伦（WishList Member 是一个为私人会员网站创建网络软件的公司），他巧妙地平衡了最佳客户的愿望（如第七章所讨论的）和每月网络研讨会上尊重客户隐私的需要——他很小心，只能在公开点名中提到名字，这样可以确保他不会损害任何人的隐私。

适应服务的这部分有点像附带的信件，因为这也有能够吸引新客户，扩大边际效应，增强他们想要与企业做生意的意愿的好处。这创造了热闹和兴奋的感觉，向客户展示了他们做出了一个多么明智的决定，并重申你的内容将如何改变他们的生活。重申承诺将能够支撑你在营销中宣传的好处和体验。正如你所看到的，我们正在从过去的营销人员那里学到一些有利的经验教训。再次强调，关键是调整你的新客户欢迎计划，使其与你企业角色、你想要创建的体验以及客户的原型相一致。

预演新客户进行接下来的行动步骤

适应服务的第二个目标是给客户一个清楚和准确的任务清单——我们称之为“接下来的行动步骤”。你的客户开始使用和消费你的内容（和参与你的社区）越快，就越好。几年前，营销人员发送附带信件是因为他们知道一位客户拥有一个装满八轨磁带和手册的盒子的时间越长，在开始消费商品之前的时间就越长，就越有可能要求退款。

你需要尽快让客户采取行动，以避免销售后可能会出现任何消极的购买后想法——你想要给你的客户清晰简洁的行动步骤。这可能意味着如何开始使用你的内容的说明。例如，约会网站可能会让客户立即设置个人资料，上传照片并填写个人信息；销售产品的网站可能会要求客户加入社区论坛或在社交媒体网站发表评论；一家较大的 B2B 企业可能会要求客户采取一系列下一步行动步骤为大规模交付做准备。

不要假设每位客户都会自动知道接下来要做什么——举个例子来说，太多技术服务企业认为他们的客户精通电脑，但事情并不总是如此。这就是为什么在线服务应该总是提供网站浏览指南的原因。无论你的行业科技含量是高是低，你的出发点都应该是考虑新客户需要知道下一步做什么，以及如何做到一点。即使你的理想客户原型是一个二十多岁的对 iPhone 了如指掌的年轻人，也不要忽视那些一定要从侧门进来的客户。

作为适应服务流程的一部分，你还应该向你的新客户展示你的最佳、最忠实的客户正在做什么，以及他们是如何参与你的社区活动的（参考我们在第七章中讨论的有关客户忠诚度计划）——客户应该有机会看看你最好的客户（那些在忠诚度常青阶梯上层的客户）正在做什么。如果你想鼓励某些行为，最有效的方法是向新客户展示最佳客户的行为。这被称为利用“社会认同”的力量，是一种心理现象：当处于新环境中时，人们会认为别人的行为准则是被认可的，因此他们会模仿别人的行为。向你的新客户展示最好的和最忠实的客户正在做的事，是展示与你企业做生意产生的所有了不起的事情的附加好处。

我有一位客户会发布十分有策略的每月简讯——简讯中额外强调了社区以及他最好的客户在做什么。这潜意识地向那些新客户传达了一些对客户的期望，让客户认为企业做生意有一条道路可循；它还向客户展示了对企业更忠诚时可获得的认可和奖励。

适应服务新客户的目标和为新客户体验设定基调，最终是为了创造对你的企业和社区结构的一种依附感。你希望客户理解你对任何客户的无比感激之情；你想表明你在那里，以确保体验尽可能是最好的；你希望确保你的企业提供最高品质的内容，满足你在销售产品或服务时所做出的承诺，并准备提供独一无二和丰富的客户体验。但还有更多。你希望客户认识到有比仅仅购买你内容更深入、更亲密和更深刻的东西。

还记得我在第七章中描述的，在我买了一辆新车几个月后收到的奥迪公司的出人意料的欢迎包裹吗？好吧，这在本质上就是附带的信件的现代版本。当然，我不会退回车，所以他们不会真的试图减少任何购买后我可能产生的买家焦虑。然而，他们有策略地塑造奥迪的角色，以及我可能如何与这一角色产生联系；同样地，他们介绍我进入奥迪社区，他们希望给我灌输一种偏向品牌的感受；他们想让我接受公司的某些视角、态度和信念，他们想让我感受到我是一个独家团体的一分子——感受到归属感。这正是企业如何创造出疯狂的粉丝和传道者的。但是最重要的是，一旦这些做得都很好，这种适应服务将在企业和客户间建立一种即时纽带。

大多数营销者和企业犯的错误是认为内容是成功最重要的因素。读到这里，你就更了解情况了。当然，你提供的内容至关重要；当然，内容应该是世界一流并比你任何一个竞争对手的内容都要好；但是试图争取一位新客户的全部意义应该是以巨大的价值产生一位长期客户，最糟糕的营销方式是认为争取客户的关键是引发一次性的交易。在第一次交易的时候，或者甚至是客户第一次接触到你的企业时，你有机会和他们进行对他们来说前所未有的对话。这是你邀请客户加入你的社区的机会，并向他们展示正在进行的一切令人惊叹的事——主要就是，你的内容只是你提供的体验的一部分。

蜜月期结束后与客户及时沟通

在达到轴心点时，也就是某人决定成为客户的关键时刻，你就有了一位积极的客户——但是从那以后，你应该担心失去这位客户。你现在应该以你估计的客户的“寿命”为基础，关注建立一个持续和有策略的沟通计划。设计每一次沟通都应该完成两个关键标准：

1. 加强客户和你企业的纽带。为此，你需要特别注意你的企业角色和让客户与你联系的关键点，你应该寻找增加客户参与社区的方法。问问你自己：你如何能让客户参与贡献、沟通、消费等等？

2. 增加收入并增加客户的价值。更重要的是，每次沟通都应该增加交易的频率，当然，还有每次交易的金额。

每位新客户都值得被你当作最好的和最忠诚的客户来对待。你永远也不知道一位客户最终是否会成为你最营利的客户之一，所以，如果没有关注一位新客户与你企业做生意的整个过程，就太愚蠢了。考虑为新客户的后续服务建立一个蓝图或行动计划。当客户满意，甚至是理解你正在培养和努力进一步加强与他们的关系时，你们就建立了持久的关系。这是在销售后每一次的互动中实现的。

几乎没有人跟踪服务新客户。你上次进餐结束，餐厅打来电话问你体验如何是什么时候？或是上次你住过的酒店问你住宿体验是什么时候？这种情况当然不会经常发生。为什么？通常，这是因为企业已经去追逐新客户了。

思考下列情况：在销售后的几天，如果你直接问你的客户他们的需求是否得到满足，这会怎么样？我并不是在谈某个毫无个性的调查，我谈的是一个真正的后续行动。（一个自动调查程序完全可以达到这一目的，前提是它体现出一种个性化和真诚的语气。）想象一下，你能学到的可以帮助你改善企业。甚至更重要的是，如果你的企业中有人真的花时间思考应对客户的回应，这会怎么样？

你为新客户的早期阶段建立一步一步的程序了吗？如果没有的话，你应该这样做。清单是管理新客户流程的简单却非常有效的方式。企业一直在使用清单：餐厅特许经营者从如何制作芝士汉堡到如何清洁浴室都使用清单；登机时，飞行员浏览一个飞行前检查单来确保乘客安全前往目的地；无论企业规模或业务范围如何，你都应该有一个新客户清单。当然，只让客户自由行事，这更容易，压力也更小，但是如果你这样做的话，你的企业将永远不会实现最大的潜力。如果你希望你的企业常青，你至少应该为客户生命周期的前三个月制定（并使用）新客户清单。

不幸的是，大多数企业除了说“谢谢”外，就没做什么，然后把客户归入持续营销促销的单一数据库中。适当的适应服务需要你思考客户生命周期，更重要的是，思考你想让新客户采取何种行动。例如，你的内容需要特别培训或辅导吗？它使用起来复杂吗？如果是的话，你的适应服务流程应该包括针对特别培训、跟踪电话和提醒邮件的计划。

事实上我们现在讨论的是消费教育。你需要教育客户如何消费你的内容以及如何为你的社区做贡献。你想让客户采取的下一步行动是什么？客户下次什么时候购买？如果有问题、疑问或是担忧，客户应该做什么？这些都是你应该能够回答的问题。

有效跟踪新客户

在管理新客户时，在开始任何沟通之前，问（并回答）下面每一个关键问题是至关重要的：

· 你想要发布的信息有强调你最佳、最有价值的客户的行动和行为吗？如果没有的话，请加上去。不管沟通包含客户推荐信、社会认同或是案例研究，所有的沟通都应该向你的新客户展示企业能够提供比他们所见的更多的东西。

· 你的信息有教育性和价值吗？你持续的客户跟踪应该总是具有价值的。它不应该仅仅是为了向上推销、向下推销或转售——特别是在与新客户沟通的早期阶段。别担心，你完全有这样做的时间和渠道。企业面临的最大挑战之一就是弄清楚与客户联系的内容和时间点。如果你只是谈论最新的促销活动，你的客户将很快失去兴趣。相反，你的信息应该帮助客户更好地使用你的内容，并确保他们获得最大的收益。联系需要服务于一个目的。如果没有的话，你最好不要联系客户。

· 你有为特定客户原型设置个性化信息吗？你的信息应该始终是对话的语气。它应该讲述你的企业贯穿关键角色点的故事。它应该是真实的，突出好的方面和坏的方面。当事情出错时，公开和诚实地说明发生了什么事和为什么发生。

· 你正在使用合适的交付机制吗？在客户原型和客户数据的基础上，你需要确保你正以一种与客户行为习惯一致的方式进行你的跟踪营销。

如果你在每次与新客户沟通时都依次问这四个问题，你将会做得很好。

认识到预期的和意想不到的行为

你的新客户欢迎程序应该是流畅的并能够适应某些客户行为。你需要知道什么是预期的行为，为此你必须密切关注你的新客户，这样当这些行为发生改变或是客户过了一段时间却没有出现的时候，你就能发现了。假设一个网站有让客户学习如何使用特定产品的一系列视频，这些学习工具就应当成为管理进程的一部分。你应该跟踪行为以确保客户遵循所需的行动。如果一位客户观看了前两个视频，但是没有按照预期观看第三个、第四个和第五个视频，那可能是什么地方出现了问题。

在第十章中，我分享了由于客户无法取回密码而导致客户流失的在线订阅提供商的故事。直到有人注意到常规行为发生变化，并且实际上给客户打电话，公司才弄清楚发生了什么（那时，公司已经损失了数十万美元）。你需要认识到这些情况并相应地处理。如果你的客户尚未完成其余客户完成任务的80%，那么找出原因。因为你可能在失去一位新客户的边缘！

准备一个（有望疯狂的）成功促销

介绍引入新客户的章节如果没有讨论折扣是不完整的——特别是许多在线企业兜售的那种超级折扣。折扣已经越来越受到许多营销策略师的欢迎。为什么？因为它们是一个相对划算的方法，为非常广泛的受众传递口碑。它们奏效吗？嗯，是的，但只有当它们得到妥善管理的时候。

让我们回到第一章开始的故事。当瑞秋·布朗的面包店“需要一块蛋糕”一夜之间被8500名新客户包围的时候，这几乎毁了她的公司。一个简单的事实使促销活动的流行产生的兴奋黯然失色：布朗无法履行她所做的承诺，她没有准备好应付将要发生的事情——她被一大批新客户淹没，无法处理大量的订单，这无疑意味着这些新客户离开时并没有留下布朗预期的好印象，这反过来又大大削弱了许多“新客户”实际上再回来的可能。

对布朗公司长期健康更为关键的是，我们不知道她现有的客户将受到这一错误的何种影响。记住，公司已经成立了25年了！当然，布朗有很多现有的客户——纸杯蛋糕的忠实支持者——经常在她店里购物。我们永远不会知道损害的全部程度，但我们知道“用新客户拯救你”的承诺无疑不值得所有的宣传和麻烦。

团购网和其他促销类型的网站在产生新客户方面非常有效。然而，这些促销活动的影响需要被仔细考量——而且需要被有策略地和正确地管理。而最重要的事，也是太多人完全忽视的事情是，需要建立系统来保留所有新客户，并使每位新客户成为长期客户。如果你正在考虑进行其中一项促销活动，则需要采取至少以下六个步骤才能成功运行此类促销活动。

第一步：了解更广泛背景下的促销活动

我见过这么多企业陷入的最糟糕的（最致命的）陷阱是它们误

认为这些类型的促销折扣网站是它们唯一的营销策略。让我们清楚一点：提供超级折扣来吸引新客户不是营销。这些网站应该被视为“一次性”或“很少使用”的工具，用以吸引新的客户到你的企业——他们不应该被视为你产生新客户的来源。这样的想法将不可避免地适得其反，因为你会冒着引导公众认为你的企业总是会有折扣的风险，这将最终使你的内容贬值，直到它几乎没有价值。

另一件要考虑的事是“折扣”是否与你运营的企业类型相一致。如果劳力士开始实行买一赠一怎么办？这不符合企业的角色，对吧？即使是一次性的，超值的折扣可能对你的企业来说也没有实际意义。你的企业角色会提供这种类型的促销吗？如果答案是否定的，那么你需要转而采用其他策略来吸引新客户。

如果你发现自己越来越频繁地采用折扣网站吸引新客户，这可能会指向一个更大的问题：你可能没有足够关注建立长期的客户关系。在你屈服于膝跳反射，不自觉进行另一次促销活动之前，请稍等一下，思考如何更好地培养你当前的客户关系。

第二步：认真计划促销

我不能真的为发生在“需要一块蛋糕”的事情责怪布朗或者团购网，责怪就错失了重点。关键点在于团购网和布朗都应该认识到他们应该限制团购券的销售数量，他们应该知道布朗的公司的实际处理能力。当你开始着手进行这些促销之一的时候，你应该认真衡量标准和对你企业模型的影响。至少，问你自己下列问题：

- 促销在前端的成本是多少？
- 当新增客户达到多少时你的利润将与支出持平？
- 你能协商一个更好的利益分成吗？
- 你实际能应对多少新客户？
- 你愿意提供多少折扣，何时折扣到期？

不管是哪种类型的促销或是营销，你都需要关注现实并设立实际的预期，这样就不会以让客户失望而告终。

第三步：准备好捕捉新客户信息

既然我们已经详细地讨论过数据捕捉的重要性，我就不会再赘述基本内容了（如果你需要重温如何以及为何收集客户情报，请返回第九章——全在那里。）

但是我将要谈到的是通常这些促销类型的网站不会为企业提供客户的个人信息，你通常只会得到一个名字。简而言之，不要期望他人为你完成数据捕捉过程，准备好亲自捕捉每位新客户的信息，这样你能实施你的新客户欢迎流程。

第四步：让你的员工做好准备

当我的客户采用这些类型的促销时，他们通常会让员工为新客户涌入企业产生的实际影响做充分准备。这不是挑战，我见到的最大挑战（我屡次见到）是员工在客户与营利的等式中的情感方面没有得到很好的培训。员工如果没有得到指导，往往会将拥有折扣的客户看作一种不同类型的客户。结果，这些客户有时会受到极差的待遇。会发生这种情况——那么，认真地讲，为什么会这样？为什么你用尽全力（和成本）来吸引新客户，最后却让他们带着对你企业一般的印象离开？不要让这种事发生在你的企业里。

这一问题的根源在于很多企业团队没有关注一位新客户的真正价值或者不通晓企业的角色。你需要让你的员工解决这些问题。此外，你能做很多事情来使客户首次光顾的价值最大化。例如，培训你的团队知道向客户销售你的内容的合适时间，确保你的员工理解你的高利润产品并鼓励新客户尝试它们。

第五步：谨记最终目标

这个目标不是像布朗一样吸引新一轮客户，这个目标是吸引你能与之建立常青关系的客户。你的任务是确保在你的能力范围内让你新客户的初次体验尽可能地好。只有这样才能增加将新客户培养成为具有长期价值的规律客户的机会。

通过花所需的时间认真思考为这类“新客户”服务过程的每一步，你能够在他们到来的时候做好充分的应对准备。每位新客户都代表这样一个机会——不管这位客户是通过促销、直接推荐还是强有力的口碑营销来到你企业的，确保永远不要忘记最终目的。

第六步：照顾好你的现有客户

不管你做什么，你的现有客户将注意到你提供的大幅折扣。你如果认为他们不会注意的话，那你就是愚蠢的。同样地，如果你认为这不会对他们造成一定的影响——从而影响他们如何看待你的企业——那你也是愚蠢的。还记得星巴克的忠实客户对企业对低价值客户转向高价值客户的投入的强烈反应吗？客户自然会想：那么我呢？我一直很忠实并付全款。我的忠诚难道将一无所得吗？

认识到会发生这样的反应，并提前采取措施将会将任何损失最小化。有很多应对这一动态的方法，你可以选择采取最适合你企业的方法。这有一个可以参考的办法：通知现有客户你的促销，甚至建议他们试试，在条件允许时给他们折扣；也可以为现有客户提供一个特别促销；考虑建议长期客户，既然他们如此喜爱你的企业，他们应该向认识的人推荐你的新促销活动。

当你发现某人的某件事，你会想为什么这个本该告诉你的人却没有告诉你，你知道这种感受吧？这里也是同样的道理。不要开始一个以吸引新客户为目的的促销，以产生现有客户不太满意的反应为代价，收获不足于补偿潜在的损失。

对于一本营销书籍来说，直到最后一章才来讨论吸引新客户的基本内容（更不用说等到最后几段关注合适的促销）似乎有一点反直觉。但是根据营销的常青战略方法，这正是这些理念归属的地方。你看，如果你已经认真阅读，你就知道，整本书都是关于争取新客户的。当你采用 3 个 C 理念，你一定会争取到（并保留住）客户——并使你的企业呈指数式发展壮大。

他们过去常说保留客户是无聊的，争取客户是性感的——如果你读到了这里，你已经看到了保留客户有多么“性感”。不仅如此，这也十分有成就感。企业通常错失长期可持续增长的最重要和最营利的一个组成因素，因为它们苦苦挣扎于“吸引新客户成瘾”。人们常说，克服问题的第一步是承认错误。

我们已经共同走过了这十一章——我希望我已经让各位大开眼界，看到了这种适合你企业的新的操作模式。就像一个瘾君子正在检查康复一样，你可以和旧的生活方式说再见，张开双臂迎接你的新生活。

在你继续发展你的企业前，我在后记中还有一些更重要的话可以和你分享一下。

后记

结束是新的开始

在1992年去世之前，山姆·沃尔顿写下了《富甲美国》，描述了沃尔玛帝国早期和随后的成长。其中打动我的一部分可以在这本书的约三分之二处找到，是一个名为“顾客第一”的章节。沃尔顿和唐·索德奎斯特（沃尔玛当时的首席运营官，前本杰明·富兰克林廉价商品商店的首席执行官，这个连锁店早期和沃尔玛针锋相对）就当地企业如何与沃尔玛竞争而提出意见。二十多年来，沃尔顿的建议对于任何企业来说仍然是非常有用的：

在如牙膏一样的快消品方面尝试制定比沃尔玛低的价格是没有任何意义的。这不是客户光顾一家小商店的理由。我认为，大多数独立经营者都是最好的，他们做自己多年来引以为傲的店主工作：走出去，和每一位客户见面。让他们知道你多么感激他们，并亲自负责收银台。对于一个独立的商人而言，这种小小的个人联系非常重要，因为无论沃尔玛如何尝试复制它——我们非常努力地尝试——我们无法做到这一点。

索德奎斯特有点更苛刻：

> 如果你是一个没有竞争的商人，你可以收取高价，营业时间晚，早点关门，或者在周三和周六的下午关门。你可以做你一直做的，可能这样就很好了。但是当竞争来临的时候，不要指望你的客户看在原来的情分上继续和你做生意。

他们讲的几乎全部和内容有关。你的内容是企业长期成功的不充分条件。从本质上讲，他们说的是当沃尔玛席卷你所在的小镇时，你最好做好准备在一个全新的层面上竞争。令人惊讶的是，在小镇里经营最便宜的商店的人愿意就如何与大型超市竞争提供有效的建议。注意他们的建议：不要指望你的客户看在原来的情分上继续和你做生意。今天这更为真实，因为突然之间，竞争变成了全球性的，并且全天候存在。

沃尔玛并不是一个非常以客户为中心的企业。它在所做的领域是最好的，即通过规模经济和最先进的物流为广泛的产品提供最低的价格。它没有做的是细分客户群，选择性地针对最可能产生高额利润的客户，设置自动触发程序来将热情衰减的客户吸引回来，创建再激活计划，围绕内容培养迷你社区，或任何其他个性化运营的事情。沃尔玛不必做，也将永远不会这样做，但是这并不意味着你不用做。

好消息是建立我在书中讨论的体系从未如此简单过。即使你经营一个小型零售店——你也没有借口不去跟踪影响你的客户行为的某种因素，并使用这一信息与那些最需要它的人更有效地沟通。你没有借口不去建立社区结构（不管你的社区类型、行业和规模如何），或者没有一个对客户原型更确定的理解（不管你目前的客户资料看起来如何）。你没有理由不持续联系客户并寻求加强客户与企业的参与和互动。

也就是说，即使你决定忽略我在本书中提到的大多数建议，请留意这条建议：让 3 个 C 深入你的心灵，作为你如何使企业运转和如何与客户（以及全世界）沟通的基础。如果你这样做，你将极大地改变你的企业，引导其未来的成功。千真万确！

更大的企业得负担建立起更先进的体系和收集更多的客户数据所需的投入，尽管从很多方面来说，其复杂程度会成为一种负担。正如我们所看到的，企业很容易被数据淹没，这使得决定将会支持你的角色、社区和内容（以及这些理念起到的更大的作用）的战术和战略更为困难。在很多情况下，更大的企业能做的最营利的事是询问团队简单的问题并从那里开始改变。从管理层面来说最突出的挑战是更积极地保留客户（远非口头上承诺提供“周到的服务”）并提高员工做到这点的能力——主要是 3 个 C。

如果我认为你从未思考过本书中讨论的概念，那我就太天真了，这不是我。3 个 C 是思考如何照顾你的现有客户和营销自己的一种简单的方法，这种方法将与客户的长期关系视为终极战略——3C 方法将使你认识到你最有价值的财产的实际价值。而不是表面上的“以客户为中心”。

即使你们中的很多人已经知道客户终身价值的重要性，你们中的大多数非常了解自己的理想客户是谁，我常常遇到忽视我在书中让大家思考的一些最基本的问题的客户。我遇到的首席执行官和高管了解客户价值的重要性，知道他们的忠诚度计划可以更有效，明白他们正在与数据库中的每位客户交谈，就像他们对一个普通人说话一样。但是在内心深处，他们也知道有更好的办法。

在读完任何商业书籍之后，最难的部分是试图找出实施或改变什么，而不是变得疯狂。我试图在本书中清楚地表明——尽管策略至关重要，你能建立一个更好的忠诚度计划，例如……你最大的收获就是认真关注这个关键概念：你需要摆脱自己的新客户成瘾，更多关注现有客户。

就是如此。改变你的关注点，改变你的观点。认识到已经在你企业购物的人的价值，不要老是想着通过新的促销活动招揽客户，不要错过你眼前的森林，幻想着另一边可能会有什么等待着你——如果你一定要取得突破，那么采用 3 个 C 的策略。看看你的角色，问自己："我们真的知道自己是谁，我们是否积极地为客户描绘这个角色？"

太多企业试图一次改变太多。有一个古老的说法："小的改变会产生巨大的影响。"我们经常忽略思维模式的小变化或者我们自己行事的方式往往会产生最大的影响。我不了解你的企业和你真正关注的是什么，但是你拿起这本书一定有个理由。这使我相信你对保留客户真正感兴趣，你希望最大限度地发挥所有现有客户的潜力。也许你认识到你的企业太专注于新客户，也许你只需要更多地关注传达你的企业角色，无论是什么，我可以建议你选择一个领域来改进、努力，看看会发生什么。承诺坚持这样做，看看小的改变会产生怎样巨大的影响。

最重要的是，我希望你认识到，你企业的最大资产取决于你。你的客户依靠你——不只是为了好的内容，还为了更多更深层的联系。客户与我们企业做生意的方式已经永远改变了，我们只是开始看到这对我们企业的意义。如果你的企业就像一株贫瘠、落叶或枯萎的树木一样存在，那就没有任何意义。当然，当树茂密生长的时候，它可能看起来不错；但冬天太冷了，不好度过。专注于成为常青企业，并将每一位客户视为你曾经拥有的最重要的树叶对待。

鲁塞·康威尔在1890年首次出版的著名演讲《钻石就在你家后院》中指出，大多数人都在四处寻找新的机会，增加幸福感和新的商业/客户来源，除了他们面前最明显的地方——他们最有可能在这里找到。太多企业已经坐在成片的钻石上，却倾力寻找更常青的牧场。

“新客户成瘾”已经成为一个流行的问题，这花费了企业数十亿美元和无法估量的时间和精力。每天都有一些新的方法、工具或平台，让我们去戳、去点或去推送，我们希望我们可能狠狠地戳到某人，从而得到他或她的注意力。

我希望看完这本书后，你的心态已经改变了——你需要向内部看。认识到你最有可能已经坐在所有你梦寐以求的客户价值和利润上——这只是转移你的焦点的问题。不要因为成功可能在别处就抛弃你拥有的一切，不要沉浸在神话般和传说中的大量新客户的疯狂中。相反，去投入到有时无聊但实际上能给你带来巨大成功的工作中。把充分利用企业内已存在的每一个机会当成目标。在你去寻找新的矿井之前，承诺自己会收获所有现有的钻石。

写这本书对我来说是一个有趣和令人兴奋的过程。我希望阅读它的过程对你来说是一样有趣的。但更重要的是，祝你在成为世界一流常青企业的旅程中取得最大的成功。

感谢阅读。发邮件至 noah@noahfleming.com。如果我能帮忙的话，让我知道你的进展。

作者介绍

诺亚·弗雷明是一名战略营销专家，他为企业提供如何从每次客户互动中获得最大化利润、大大提高营销效果并创造牢不可破的客户忠诚度等方面的咨询，有为数千名企业主、高管和个人服务的经验。

弗雷明也是《快公司》（Fast Company）的专栏作家，加拿大商业新闻专栏博主，《全球邮报》（Globe and Mail’s）商业报告版的分析员和加拿大地区新闻观察员。他的文章经常发表在《纽约时报》《福布斯》和《企业家》等著名刊物上。

弗雷明在 Mixergy.com 网站提供在线课程，Mixergy.com 是一个热门网站，可以在上面看到许多企业创始人和行业专家的访谈：如加里·维纳查克（《硅谷创投课》作者）、维基百科共同创始人吉米·威尔士和团购网创始人安德鲁·梅森等数百人的访谈视频。

弗雷明还为企业观众、专业行业协会和 TEDx 等活动提供强大而实用的主题演讲。

弗雷明还是艾伦·韦斯导师计划的成员之一，也是仅有的几十名全球公认的并被韦斯博士亲自认定，能够迅速改变咨询人的实践的咨询大师。

弗雷明与妻子海瑟和两个女儿阿瓦隆和埃拉住在加拿大安大略省金斯维尔。